隠れ念仏の母

霧島修験を基層に 現代に生きる「かくれ あらわす」民俗信仰の諸相

森田　清美 著

みやざき文庫151

はじめに

　薩摩藩が浄土真宗を禁制にしたのは戦国時代末期から江戸時代の初めにかけて、以来三百年間にわたって禁制は続けられ、その中でも信仰は秘匿され、形態を変えながら顕在化し、豊かな浄土真宗の文化が育っていった。修験道を取り入れた習合宗教系隠れ念仏でも、異安心派が見え隠れする。浄土真宗系隠れ念仏でも、逆に浄土真宗への情熱を育んでいった。

　筆者は、南九州のかくれ・あらわす――民俗信仰における内面化と外面化について学術概念として習合宗教系隠れ念仏（神道系隠れ念仏と呼称する研究者も多い）と浄土真宗系隠れ念仏に分けて検討してきた。前者は、今でも隠れているが、霧島修験が基層になっており、異なった表現で阿弥陀如来への唱え言をし、浄土真宗の神髄を究めている座本も多い。後者は明治九年（一八七六）信教の自由が公認されて以来、真宗寺院に統合されている地域も多いが、疑似隠れの形で信仰され観光化にも貢献しているグループが多い。このグループは真宗禁制時代に弾圧されたという記録は少ない。

　以上のことについては、拙著『霧島山麓の隠れ念仏と修験』（二〇〇八年）や『隠れ念仏と救い』（二〇〇八年）を参照していただきたい。しかし、本書では、その後の研究で筆者が重要と思う、多様で複雑な、特色ある秘儀的隠れ・隠し念仏に迫って可能な限り真相を究めてみたい。その上で、民俗信仰における内面化と顕在化について論を深めていきたい。

令和五年冬

目次

隠れ念仏の母

霧島修験を基層に 現代に生きる
「かくれ あらわす」民俗信仰の諸相

序章　かくれ　あらわす・真宗禁制と民俗信仰

――隠れ念仏における内面化と顕在化――

はじめに

南九州の真宗禁制と民俗信仰について論ずるには、真宗禁制により摘発や弾圧の下で根強く生き残った「かくれ念仏」のことを抜きにすることはできない。その「かくれ念仏」は、「浄土真宗系かくれ念仏」と「習合宗教系かくれ念仏」の二つに分類するのが通説であるが、本論考では次の点をねらいとしたい。

第一に、「浄土真宗系かくれ念仏」も「習合宗教系かくれ念仏」も、薩摩藩による真宗禁制による弾圧の下で、民俗信仰を基盤として芽生え、変遷・輻湊しながら発展してきたことについて、事例を上げながら明らかにする。

特に後者はシャーマンを信仰の核とする「かくし」の念仏であるが、現在も何故、「かくして」いるのかを追求していきたい。

第二に、「かくれ念仏」が、現代社会では、どのような形で「あらわされ」、それが地域社会の活性化にいかなる形態で貢献しているかを究めたい。
なお、取り扱う民俗信仰の用語は、これからの研究課題としての分析概念として捉えていく。

1　浄土真宗系隠れ念仏と民俗信仰

「浄土真宗系かくれ念仏」とは、薩摩藩では浄土真宗の信仰が厳しく禁じられていた時代から、信教の自由令が出る一八七六年（明治九）まで約三〇〇年間にわたって、藩当局の目を盗んで秘かに隠れて信仰されていた念仏信仰のことをいう（桃園恵真　一九八二）。この「かくれ念仏」は薩摩藩だけでなく相良藩（人吉藩）や高鍋藩などにも見られた。信教の自由令が出てからは真宗講や親様講などの名目で「疑似かくれ」の形をとって信仰が続けられているものが多い。

薩摩藩が、真宗禁制の考えを明らかにしたのは、島津家第十六代義久の祖父島津忠良であるとされている。真宗禁制が法制化されたのは、島津家第十七代義弘の時で、十六世紀の半ばから末にかけての頃である。その禁制の理由については、研究者により、様々な説が説かれているが、それらの説の時代的背景に共通するのは、近世封建体制の確立と維持のためである。

藩政時代は、真宗禁制の下で過酷な取り締まりや処刑が行われたというのが、従来の通説である。その説は、一部では近年、ますます強く主張されるようになっていく傾向がある。しかし、地方（郷）の取り締まる役人によっても温度差があったのではないかということが最近の研究で明らかになってきている（森田清美　二〇〇二）。郷によっては、農民や漁民に対して、謝れば許してやる役人が多かった。それは、「かくれ念仏」信徒の数があまりにも多かったことと、「かくれ念仏」が、シンクレティズム（syncretism）化（信仰の混交化）して、庶民の日常生活における葬送儀礼や年忌供養など人生儀礼や年中行事に欠かせない民俗信仰としての役割を強く帯びるようになっていたからである。

薩摩藩の郷によっては、庶民の世界観や人生観までは立ち入れない、黙認せざるを得ない実情があり、複雑で微妙な禁制政策をとらざるを得なかったのである。「過酷な一向宗取り締まりが、農耕作業へのきびしい干渉と共に大量逃散を招き、生産力の停滞をきたした」ことを芳即正が指摘している（芳即正　一九八七）。この捉え方は適切で薩摩藩として最も重視していた農業や漁業の生産力が弾圧を強くするたびに段々衰退していった面も見逃してはならない。

なお、千葉徳爾は、『御講仏御示談部分』に真宗講社の「講名」が元禄七年（一六九四）と記されていることから、薩摩藩における真宗講名の初見だとしている（千葉徳爾　一九七〇）が、この頃から真宗講の歴史が始まったと考えてよいのではないだろうか。

2　習合宗教系隠れ念仏と民俗信仰

以下の論考の骨子は、二〇一九年七月九日、神奈川大学で開催された第七一回日本民俗学年次大会プレシンポジウム「かくれ―あらわす民俗信仰における内面化と顕在化」において発表させていただいたものである。その成果は『日本民俗学』３０２号に掲載された。徳丸亜木氏は、次のように述べている。

「民俗学においては、学問的に積み上げて来た研究視覚に基づき、民俗学的な調査手法で得られた資料を統合し、それらを特定の民俗信仰として腑分けし、クラスター（分類型＝筆者注）の中の部分として分類することで統合的な認識枠を形作り、研究者間で共通のものとしてきた。（中略）すなわち、民俗は、それを継承する社会人や人々の生活の中にあるという前提は持ちながらも、その分析においては、その一部に特定の学術用語や概念を付帯し、解釈の共同へと落とし込むことによって、学術的認識枠へと、引きつけ、その世界において継承・構築されて来た分析枠組への結合を容易なものとして来たと言える。」（徳丸亜木「かくれ、あらわす――民俗信仰における内面化と顕在化」二〇二〇）

シンポジウムは、歴史的、社会的、政治的環境条件の中で禁圧され、かくれた民俗宗教が、その後、生活の中でいかに在地化・内面化され、今日においていかに実践されて顕在化しているのかを課題としたものであるが、筆者は、数ある隠れ念仏の論考の中で筆者なりの理念型として「隠れ念仏と民俗信仰」として考察したものである。

(1) 習合宗教系隠れ念仏の三類型

南九州には、旧薩摩藩領を中心として、およそシャーマンを信仰の核とし、現在でも守秘性が保たれている三つの「習合宗教系かくれ念仏」が存在している。一つは、霧島山系東麓および東南麓の宮崎県都城盆地一帯に分布・点在する「カヤカベ類似の宗教（ノノサン）」。二つめは霧島山系西麓の牧園町（現霧島市）と横川町（現湧水町）に分布・点在する「カヤカベ教」。三つめは霧島山系のはるか西方約五〇キロの位置にあり、霊山冠岳山系西麓のいちき串木野市荒川・羽島地区に分布する「ダンナドン信仰」である。「カヤカベ類似の宗教」と「カヤカベ教」の表層は神道、「ダンナドン信仰」の表層は禅宗である。

①　カヤカベ類似の宗教

この宗教は霧島山東麓と東南麓の都城盆地一帯を中心とする大淀川水系の周辺に点在・分布している。「カクレガン（隠れ神）」とも言われ、高取正男と浅井了宗によれば「カヤカベ教」と流れを同じくするもので、浄土真宗系「かくれ念仏」が雑信仰化、土着化したものであるという見解がなされている。「カヤカベ類似の宗教」の起源と草創者は不明である。高取と浅井の「カヤカベ教」と流れを一つにするという見解に立てば、「カヤカベ教」の創始者と比定されている宗教坊こと伊集院真諦から六代目の前平三左衛門の代で教線は霧島山西麓の栗野・牧園・横川付近に重心が移ったとされる。三左衛門の墓碑によると「宝暦三歳」（一七五三）に亡くなっているので江戸時代中期の頃は、「カヤカベ教」が霧島山西麓付近に定着していたことになる。そうすると「カヤカベ類似の宗教」もその頃が起源という推察ができる。

しかし、「カヤカベ教」と異なる性格を持つという見解に立てば、起源については各説があるが、山田町（現都城市）田中土呂の稲丸家の寺元流れでは、初代は幕末から明治時代に活躍した人である。拙著『霧島山麓の隠れ念仏と修験』では、他にも起源説を挙げて考証しているが、決め手になるものはない。筆者は薩摩藩による開田が盛んになる江戸時代中期から国家神道が盛んになってくる幕末の頃にかけての、いずれかの時期に成立し、普及していったと推測している。

② カヤカベ教

「お書物」によると、「カヤカベ教」の創始者に比定されている宗教坊こと伊集院真詑から九代目の吉永親幸が、文政六年（一八二三）の頃から教祖的存在になっている。

「カヤカベ教」は、霧島山西麓の霧島市牧園町や横川町に現存する。その信徒戸数は、昭和三十九年八月には三四四戸である。それが牧園が十一の「コイ（郡）」、横川が六の「コイ」に分かれている。古くは、合わせて四八四の「コイ」があったという。現在は、自ら牧園横川連盟霧島講と称しているが、周囲の人々からは「カヤカベ」と呼ばれている。

信仰行事は、「オザ（御座）」と呼ぶ深夜の集会を秘密裏に行い、そのときの勤行《ごんぎょう》を「おつとめ」と呼んでいる。「おつとめ」は、「おなぐら」・「もうしわかい」・「お経」・「おかいげ」・「おつたえ」の順でなされ、若干の例外を除いて口伝である。信徒たちは団結力が強い。真宗の性格が強い宗教であるが、その教えは、親鸞ないし本願寺から直接伝えられたものであると自負する。彼らが自ら霧島講と称し、神道を標榜するのは薩摩藩の真宗禁制に対応するための偽装であるといわれている。真宗禁制下において潜行し、そのために隔絶と孤立とにより、また、その指導者や地縁性によって夾雑と変容をきたした。そして内容的にも変質し特異な性格を持つようになったものだと考えられている（宮崎圓遵代表　一九七〇）。

この「カヤカベ教」については、これまで、歴史学や宗教学の視点から研究がなされている。先学の研究を見て行けば「カヤカベ教」は、本来は浄土真宗系の「かくれ念仏」であったが、霧島山の修験道と習合したものであるという見方が有力である。修験が先か、浄土真宗が先かは見解の分かれるところである。その結論はなかなか見いだせないが、近年は、修験道の性格が非常に濃い宗教であるという論考が注目されるようになってきている。

③　ダンナドン信仰

鹿児島県いちき串木野市北部に位置する荒川・羽島地区の農村集落に分布している。「ダンナドン（檀那殿）」とは、「テラ（寺）」あるいは「ウッデラ（内寺）」ともいわれ、葬送・滅罪儀礼・追善供養などを行う菩提寺のことである。また、「ダンナドン」とは、御神体である「オヤサマ（親様）」を指すこともある。別名「カヤカベ類似の宗教」と同じように「カクレガン（隠れ神）」とも呼ばれている。これは、浄土教思想の流れを汲みながらも、密教や修験道の色合いも強く、さらに呪術性の濃い宗教である。

読誦力に優れた司祭者としての「トイナモン（年の者）」と呼ばれる古老と、地神盲僧、巫女の三者が、鎮魂・滅罪儀礼において、それぞれの役割を担い、あるいは三者の機能が複雑に錯綜しながら村社会での宗教生活が繰り広げられている。「トイナモン」は、ただ単に年寄りとか年長者ということを意味するだけではない。それは第一に、経文を諳んじることができるぐらい完全に記憶していること。第二に、死体を樽棺に納める時、骨が折れないように、硬直した死体を柔らかくする呪術である「ホネナヤマカシ（骨萎やまかし）」を完璧に行う呪力を有していること。第三に、「ダンナドン」の祭祀をするものとして、常日ごろから人々に敬意を表されている者をいう。

鎮魂・滅罪儀礼としては、葬送・年忌供養儀礼と「カゼタテ（風立て）」がある。後者については後述する。その他、年中行事としては春祈禱・彼岸会・盆での先祖供養などの年中儀礼や農耕儀礼、建築儀礼などがある。

「ダンナドン信仰」の起源については、諸説がある。明治維新前後というのが通説であったがそれは以前から疑問視されていた。最近、前鹿児島県歴史・美術センター勤務の徳重涼子氏が、「ダンナドン信仰」地帯で、一七八五年（天明五）に記された「冨永家文書」を発見した。そのことにより、おおよそ天明年間の頃（一七八一〜八九年）には「ダンナドン信仰」が存在していたことが分かった。

(2)「新口《あらくち》寄せ」について

南九州の習合宗教系かくれ念仏地帯にはシャーマンによる「神降ろし」や「新口寄せ」を信仰のあかしとする秘儀的・閉鎖的な「かくれ念仏」信仰の集団が残存し、現在も信仰の灯火を消さないで生き続けているところが多い。それらの儀礼は民俗信仰の要素を取り入れ、さらに密教や修験道が習合している。

①「ダンナドン信仰」地帯の「カゼタテ」

「ダンナドン信仰」と「カヤカベ類似の宗教」地帯では、葬送後、三日ないし七日以内に、前者は「カゼタテ〈風立て〉ないし〈風絶て〉」、後者は「御座」ないし「御座立て」が開催される。「かくし」の最も大きな原因は、その秘儀の実態が異教徒に洩れると巫女の霊力が落ちるからだと語る信者が多い。そのため、「新口」の実態と様相について最初に紹介し考察していきたい。「ダンナドン信仰」地帯では、トイナモンと巫女、地神盲僧と巫女、巫女同士など様々な組み合わせによる「カゼタテ」が見られる。ここでは、トイナモンと巫女の組み合わせによる「カゼタテ」を紹介したい。

○「トイナモン」と巫女による「カゼタテ」

「カゼタテ」は葬送後三日ないし七日以内に行われる。普通、夜十時ごろから始まり、身内など参列者が多い場合は翌日の午前三時ごろまでかかる。

先ず、「トイナモン」が経文を唱え、巫女に向かって「フッ」と息を吹き掛ける。これは死霊を呼び出して、巫女に憑依《ひょうい》させるためである。巫女は半紙を三角形に折りたたみ、米粒を三粒入れて作った「シベ（御幣）」を持つ。そして不浄祓いの経文である「岬ノ川路ヲ立ツトキハ、ダイジ（大地のことか＝筆者註）ヲ割ッテ立ツトキハ、サア」を何回もくり返す。そして「シベ」で参列者の頭や肩、背中などを一人あたり、三分ないし五分ぐらいずつ叩いたり摩《さす》ったりしながら祓ってまわる。参列者はその巫女に恐ろしさを感じながらも、後には気持ちよくなり、眠りに誘われるような気持ちになる。

その後、巫女は一尋《ひろ》ほどの麻の緒を、先程の経文を繰り返しながら座敷を叩いてまわる。そうしているうちに「シケ（霊が憑依して体が震えること）」がかかり、畳の間や縁側を飛び跳ねてまわり出す。「これでよいか」「早く言わないか」「早く出て来ないか」などの言葉を発し、死霊に、この世の身内に言い残したこと、あるいは、してほしかったことなどを言うように促す。いっときすると「水を飲みたい」「焼酎を飲みたい」「米の飯を腹いっぱい食べたい」などと口走る。周囲の人はてっきり死霊が語っているのだと信じ、水や焼酎、米の飯を恐る恐る差し出す。巫女は、焼酎などをぐいぐい何杯も飲み干す、米の御飯も何杯も食べておかわりまでする。

そのうち、突然「何かが障っている」と言い出すことがある。これは無念の死をとげた者の霊魂が、一向にこの世を飛び立ってくれないときである。巫女は、これまで以上に激しく飛び回り、座敷中を祓って回る。シケが最高潮に達すると、そのときの巫女の着物姿も乱れ、足の太股があらわになり、髪を振り乱し、顔も恐ろしい形相を呈するようになる。周囲の者は、神秘さと底知れぬ畏怖を感じる。

「カゼタテ」の終わりの頃になると、巫女が「もう言うことはないか」「これで鎮まれ、後に尾を引くな」と言って、あの世に飛び立つように死霊に対して決断を迫る。その後、死霊は、あの世に向かって飛び立って行く。

②「カヤカベ類似の宗教」地帯の「御座」ないし「御座立て」

「御座」は葬送後七日以内に行われる儀礼であるが、七日間経過しないと、「ウラカタドン（占方殿）」が、いくら呼び出しても死霊や、それに伴って来る先祖霊がなかなか出て来ないことがある。

儀礼の順序

(a) 儀礼が行われる家の戸や障子を閉め切り、室内を真っ暗な状態にする。

(b) 「ウラカタドン」の前に、適量の塩を入れた水を注いだコップを御膳に載せて供える。参列者のために、家の玄関か縁側にも塩を少々入れた盥《たらい》か洗面器と手拭いを準備する。これは、参列者が手を洗い浄めてから、部屋に入るようにするためである。

(c) 神前に、塩・米・果物・水・お菓子・三種類の根付きの野菜や魚、昆布を供える。

(d) 「ウラカタドン」が、死霊と先祖霊を降臨させようとして経文を唱えている間、参列者全員が玉串を神前に捧げる。その後、線香を一本ずつ上げる。それを怠る人がいると、霊はなかなか出て来ないという。

(e) 死霊と先祖霊が出てきた場合、参列者と応答するのは死霊の場合が多い。先祖霊は、死霊を迎え、連れてくるために浄土（多くは霧島山）から降りて来るのである。「御座」では、暗い部屋の中で、「ウラカタドン」が、生前とそっくりな声と話しぶりで語りかける。参列者が「爺さん」あるいは「婆さん」と呼びかけると「ヨウヨウ（年下への応答の言葉）」「ワイモオッタカ（お前も居たか）」と答える。その後、「ワッドンマ、アツマッタカ、イマカラ、ユデネ（お前たちは皆、集まったか。今から言うからね）」と遺族に言い残したこと、感謝の言葉、生活上の指示などについて語る。死霊が語りかける際、参列者は泣き出す人もいたりして、部屋中が、悲しみに満ちあふれる。

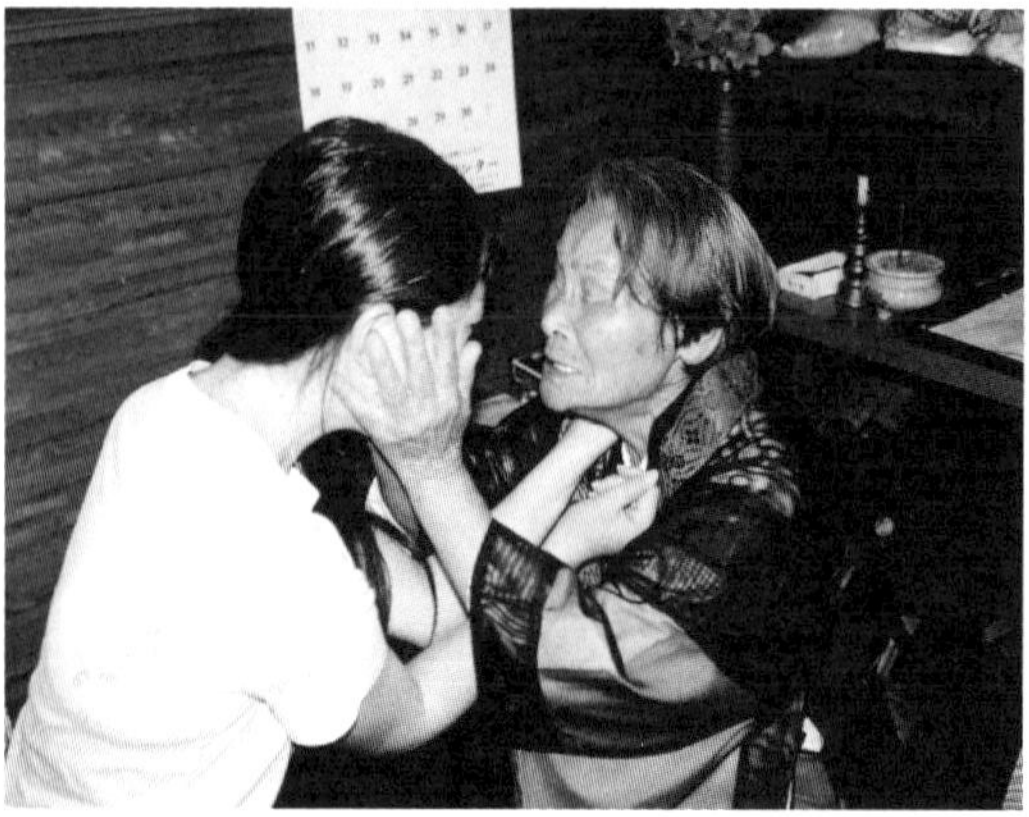

カヤカベ類似の宗教地帯のウラカタドン（占方殿）〈シャーマン〉（向かって右）（宮崎県都城市下水流町）

女性は、死霊が降りてくることは合理的でないといって信じていなかった。しかし霊が降りてくると涙を流して霊に語りかけ、会話をしていた。

　このように「御座」では、死霊や先祖霊との冥界通信が緊張感と感動のもとに行われるのである。死霊の言うことを聞いてやり、安心して先祖に導かれてあの世に行けるように願う。それは、生から死への移行儀礼であり、同時に死者供養にもなるのである。「ウラカタドン」は、「御座」が終わり、食いついていた死霊などが離れ、あの世に旅だった後は「ヒンダルッ（心身ともに疲弊すること）」もので、自分が何を語ったかは、一切、記憶にないという。

以上の二つの例は、南島のユタが行う「マブリアワシ（マブリワカシ）」やトカラのネーシによる「イミアケ（忌み明け）」の〈新口〉などの南島系の影響を受けている。鹿児島市北部の「内の如さん」による「ホトケバアサン（仏婆様）」による「御聴聞」（2の章参照）なども南九州に見られる「新口寄せ」とも共通する。

(3)　年中行事や人生儀礼との関係

a「カヤカベ類似の宗教」地帯

一月二日の御初座、同月十四日の穂垂れ、三月十六日の彼岸祭、五月初めの種蒔き、七月十二日の霧島祀り、八月六日の七夕などの御祈禱を行う寺元が多い。また、他の村から訪れて来て、何かの原因であやめられたという伝承のある六十六部の御霊への祈禱を長年続け、ついに水神にまで高める民俗信仰再生の様態もある寺元に見られる。

b「ダンナドン信仰」地帯

年中行事や人生儀礼についてては前述したので、ここでは省略したい。特筆すべきことは、家移りの儀礼としての「ワタマシ」の儀礼があり経文も残っていることである。普通は、家を新築して入居した後に行われることが多いが、古い家へ引っ越したときにも行われる。「トイナモン」や地神盲僧に依頼して祀ってもらう。「ワタマシ」をしないで入居したりすると「ツマヅク（躓く）」、すなわち、病気や災難に襲われるといわれている。それは、入居した家に、まだ神や仏による入魂をしていないため、守護神が存在していないからである。この「ダンナドン信仰」地帯では、「モックバイエ（餅配り祝い）」とも言われ、そのときは餅を搗《つ》いて、祝いに来た親戚や親しい知人に配るものだった。ところが、日本各地では、「ワタマシ」は、小豆粥を配ったり、家の重要な柱の所で粥を食べ、吹きかけたりする「ヤガユ（家粥）祭り」と習合したりしている。

　南九州では、「ヤガユ祭り」は、奄美大島や薩摩半島に分布している。「ワタマシ」は、鹿児島市を中心として始良郡や薩摩川内市・いちき串木野市、宮崎県都城市一帯に「ヤガユ祭り」地帯と重なるように分布している。したがって「ワタマシ」といっても、儀礼の内容や経文は、「ヤガユ祭り」とあまり変わらない部分もある。習合宗教系かくれ念仏地帯である「ダンナドン信仰」地帯では、奄美大島や薩摩半島に分布している「ヤガユ祭り」と唱え言葉（秘言の場合が多い）を消化吸収しつつ、畿内方面から伝播してきた「ワタマシ」儀礼と習合させ、新しい「ワタマシ」儀礼や経文が創出されている。「ワタマシ」が「ヤウツイ（家移り）」の儀礼であるという本来の意味は、しっかりと認識されている。これが、「トイナモン」など宗教者の手による「かくれた」秘密の儀礼に変遷しているのが特色である。

(4) 修験との習合

前述した「カゼタテ」のトイナモンと巫女、また「御座」での修験道家の主人と妻（地元の人は、どちらも巫女ないしウラカタドンと呼ぶ）の二人で行う、「カゼタテ」と「御座」の形態は、修験者が神を降ろし、巫女に憑依させて「神口」を語らせる憑祈禱と類似する。そのため「習合宗教系隠れ念仏」には修験の影響が強く見られる。宮家準氏も「この根底には、修験道の憑依祈禱、さらにはトカラ列島のネーシの忌み明けの新口寄せなどの南西諸島の巫術との関連が推測されるのである」と述べている（宮家準 二〇一九）。

このことについては筆者も、拙著で主張し、多くの研究者も同様な説を採ってきた。そういう中で、宮家準氏が、日本仏教の体系化の中で修験を分析し、深く掘り起こす中で、南九州の「習合宗教系かくれ念仏」が、修験と習合していることを明確に位置づけた意義は大きい。修験が基層になっているのである。

行者どん（殿）の中の行者像
宮崎県都城市下水流町

行者どん（殿）の中の
役小角像《えんのおづぬ》
宮崎県都城市高城町有水D家

螺緒《かいのお》（修験者が峰入りの際、腰の周囲に巻く長い麻のような縄）
宮崎県都城市下水流町F家

行者どん（殿）の中の箱笈（修験者が峰入りする時、必要な道具を入れて背負う箱）
宮崎県都城市下水流町C家

おわりに

以上、真宗禁制と民俗信仰について報告を行ってきたが、「はじめに」のねらいに従って考察を進めていきたい。

第一に言えることは、「浄土真宗系かくれ念仏」も「習合宗教系かくれ念仏」も薩摩藩による真宗禁制による弾圧の下でも民俗信仰が基盤にあり、それが輻湊しながら発展し、庶民の年中行事や人生儀礼など人生観に強い影響を与えてきた。前者は、明治九年（一八七六）の信教の自由令が出たあとは、「かくれ」から「疑似かくれ」の状態に変化し急速に外面化した。後者は、まだ「かくし」の状態で内面化しているものもあるが、時代が進むにつれて外面化しつつある。両「かくれ念仏」とも、「かくれ」「かくし」しながら歴史上一貫して民俗信仰と深い関わり合いを保ってきたのである。

第二に、そのような「かくれ」「かくし」の念仏信仰が新たな民俗信仰として「あらわれ」、地域社会に観光民俗とか諸民俗行事による地域おこしに貢献していることは見逃してはならない。

補記・本稿へのコメントについて

この論考に対するコメンテーター真野和彦氏（ＮＰＯ理事法人頸城野郷土資料室理事）のコメント

は以下のようなものである。
――森田清美氏に、藩政期まで浄土真宗が禁制とされていた鹿児島県における「かくれ念仏」を事例として、歴史的、社会的、政治的状況の中で禁圧され、かくれた民俗信仰が、それを維持した人々の生活の中でいかに在地化、内面化され今日、実践される儀礼として顕在化しているかを検討していただいた。鹿児島県下の「かくれ念仏」は、多くの研究者により調査・研究されているとはいえ、中園氏が論ずるカクレキリシタンと異なり、外部社会における大規模な文化資源化や観光資源化には至っておらず、限られた一部がその文脈に部分的に乗りつつあるところである。森田氏は、「かくれ念仏」に「浄土真宗系隠れ念仏」と「習合宗教系かくれ念仏」があることを指摘し、明治九年の信教の自由令の後、前者が急激に顕在化し、後者も徐々に顕在化しつつあるとする。

ある時代状況の中で、人々がその生命と信仰を守るために、かくすということは、ある民俗信仰を保持・継承する地域社会に内（それを信じ維持し、そのことをかくそうとする信仰集団）と外（民衆の精神的世界を宗教統制や禁教により統制し、社会秩序の安定を図ろうとする権力）の境界を明確に意識させることになる。信仰集団が本質的に権威を認めるのは、その信仰世界の中心的な神仏であるから、この世の権力者の権威性は、彼らにとって本質的なものではなく、生きるために迎合しつつも、信仰の核は、秘匿された経典や儀礼、伝承知、経験の共有によって継承された。

しかしながら、そこにおける意識的な顕在化は、民俗信仰を支える世界観やそれに関わる儀礼の全ての表出ではない。中園論文は、かくれ信者の葬送儀礼においては、禁教期以降はかくれ信仰に基づく儀礼と仏教に基づく儀礼とが基本的に併存されている「多信仰」であることを指摘している。また、森田論文で論じられている習合宗教系かくれ念仏の「新口寄せ」や「御座立て」において、その儀礼を実践する第一義的な理由は、死霊や先祖霊と交流し、その気持ちを理解し、あの世に送って、生者も安心を得ることにあると思われる。外部社会から見られるものとしての、印象的な儀礼行為は見られることを意識して文節化（徳丸二〇一六）されたものであると言える。文節化された儀礼行為やモノは、旧来からそれを支えていた従来の文脈を離れ、顕在化され、新たなコンテクスト（context = 文脈）の中で別の価値を見いだされ活用される。そこには外部の眼と権威性を意識した上での、民俗の再編や創造も見られるものと考えられる。——

以上が真野和彦氏のコメントであるが、一部の微妙な認識の違いはあるにしても、実に的確に拙稿のねらいと性格・本質を指摘していただいた。

1の章　越境する薩摩隠れ念仏門徒

——日向国福島と金崎の隠れ念仏信仰——

第一節　日向高鍋藩領福島正国寺《しょうこくじ》と薩摩の隠れ念仏

旧高鍋藩の飛び地である福島（現串間市）の隠れ念仏について論ずるが、論の中心となるのは、福島にある正国寺の浄土真宗と志布志郷など大隅半島各郷および薩摩半島加世田郷《かせだごう》（現南さつま市）、知覧郷《ちらんごう》（現南九州市）の隠れ念仏門徒との密接な関係性である。そして、肥後国《ひごのくに》との越境が厳格であった出水郷の一向宗門徒への弾圧が、志布志郷とは比較にならないほど厳しかったことを明らかにし、それは、何故だったのか、その理由を明らかにし、福島と志布志郷の隠れ念仏の本質に迫る。

1　正国寺の実情を探る

『鹿児島県史』や『金剛寺誌』、『志布志町誌』をはじめ、鹿児島県の各郷土史には、「串間正国寺の高鍋藩は信教は自由であった」と記されている。果たして、それは史実であったのか。福島、特に正国寺では、完全に信教の自由があったのだろうか。高鍋藩（秋月領《あきづきりょう》）福島の宗教の歴史や実情を探ってみよう。

(1) 高鍋藩飛地・福島でも信教の自由は制限されていた

福島では寛文年間と元禄年間に大規模な百姓一揆《いっき》が起こっている。特に元禄十五年(一七〇二)の一揆は西方三郷に及び、多くの処分者が出た。これ以前から、藩はたびたび宗旨改めを実施している。それも記録に見るかぎり福島だけであり、元禄十年から十三年までの四年間には実に五回も調査を行っている。十四年には代官を増やし、福島目付も設けた。そして翌十五年の百姓一揆となるが、それは一向一揆という警戒心があったからであるという(『串間市史』一九九六)。

高鍋藩でも寛永七年(一六三〇)前後から元禄十三年(一七〇〇)頃まで浄土真宗を禁教にしていたといわれる。しかし元禄十三年を手はじめに、順次真宗門へ復帰を許している(田中靖基 二〇〇九年〈くしま史談会報 No.21〉掲載)。しかし、帰宗を許した寺院に対しても念仏布教は許されず、講などの組織も固く禁じ、厳重な監視と管理を行い、必要があればいつでも弾圧するというものであった(『瓜生野・倉岡郷土誌』一九八六)。

『高鍋藩続本藩実録』では、寛文元年(一六六一)の頃には、すでに浄土真宗は禁じられていたことが分かる。しかし、機に応じて弾圧しているように、その禁制は徹底していなかったといえよう(米村竜治『無縁と土着——隠れ念仏考——』一九八八)。

したがって高鍋藩の飛地である福島には、信教の自由があったというのは言い過ぎであろう。後に見るように、福島の信者たちは薩摩の人々を囲んで法話を聞いていたのであるが、薩摩の

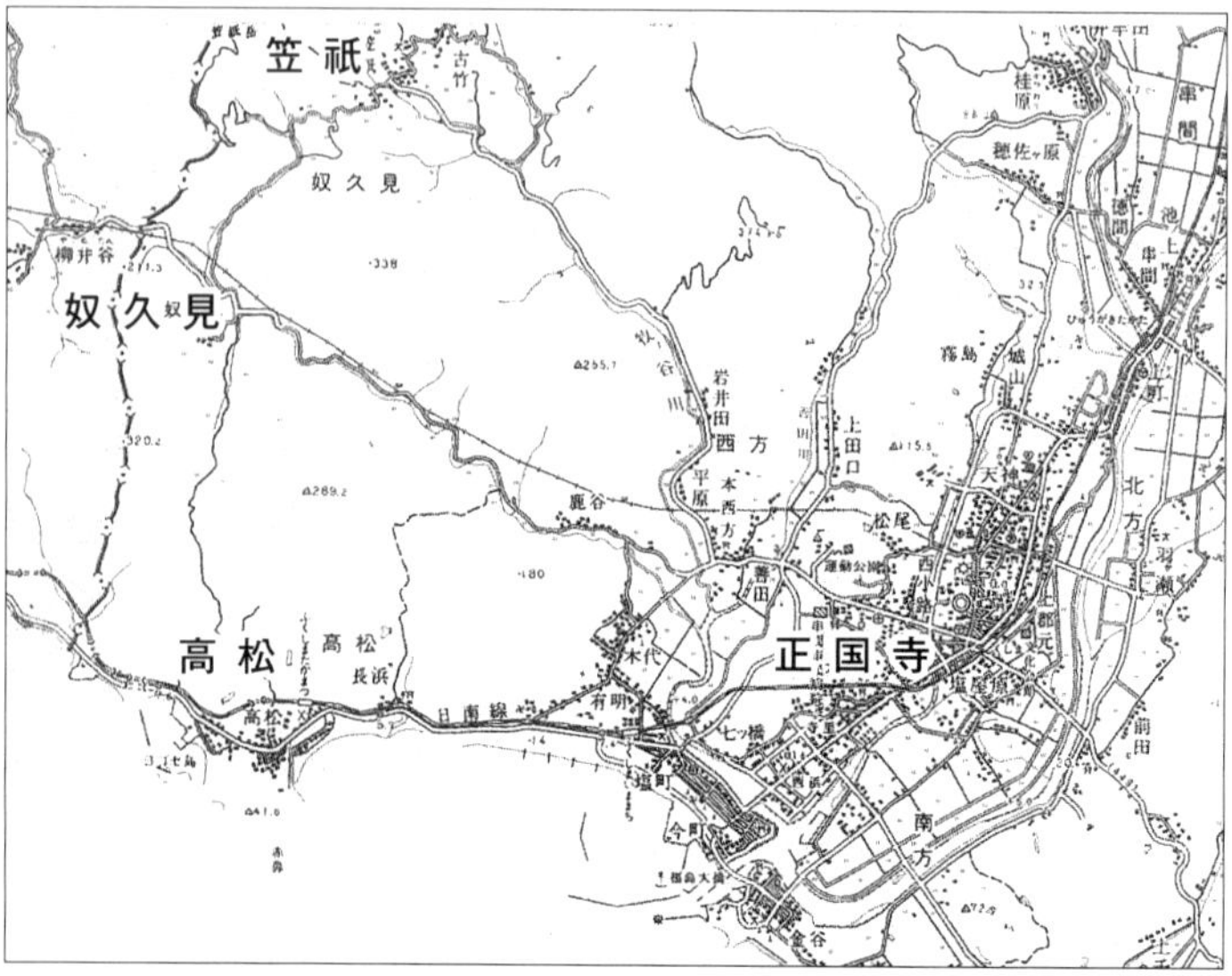

正国寺位置図（田中靖基氏提供）

人々は常に身の危険を感じていた。薩摩藩ほどではなかったにしても、福島でも油断はならなかったことに注意する必要がある。

(2) 正国寺と隠れ念仏信徒

正国寺が建立されたのは慶長十二年（一六〇七）で、開山は宗徳である。高鍋藩の貞享の寺社帳によれば、藩内の真宗寺院十一か寺のうち六か寺は秋月氏が筑前より転封した後に建立されている。正国寺の開祖も前身は秋月氏譜代《ふだい》の藩士だったという。もともと秋月氏は西本願寺と関わりを持ち、二代藩主種春の叔母は西本願寺の坊官に嫁いでいる（『串間市史』一九九六）。

正国寺の建立は、薩摩藩が一向宗を禁制にした後である。それでも建立された理由として田中靖基氏は、第一に、福島村は志

正国寺山門

昭和19年（1944）の火災でも焼けなかった。文化13年（1816）の建築といわれる。（写真　田中靖基氏提供）

布志郷の隣で、国境の両方に門徒の集落があること。第二に、大隅半島より陸路海路の何れにも通ってくることに適している。この二点を指摘している（田中前同）。この指摘は、適切である。

正国寺には、薩摩部屋があり、志布志からはもちろん、加世田など薩摩半島の加世田郷や知覧郷からも法話を聞きにやってきた。正国寺は昭和十九年に、床下から出火して焼失した。残ったのは鐘楼《しょうろう》と山門《さんもん》だけだった。その詳細は分からないが、薩摩部屋は本堂の一部の部屋であったのではないか。枕が数多く残されていたという。薩摩部屋は、正国寺第十代住職僧蘭（文久二年〈一八六二〉亡）が豊後の入楽寺から養子に来て、造ったという（正国寺現住職　井手真教氏談）。

薩摩部屋があるのは、肥後水俣（現熊本県水俣市）に三か寺ある。出水郷では隠し横目を置き、変装して源光寺や西念寺を見張っていた。そこで、源光寺の半地下室になった薄暗い隠れ部屋に忍んで説教を聞いていることを探知した。こうして法悦にふけっている出水からの信者等を確認し逮捕した（『出水郷土誌』上巻　二〇〇四）。これの詳細については後述したい。ただし、薩摩藩および志布志郷から隠し横目が派遣されたという証拠資料はない。恐らく隠し横目も存在しないし、派遣もされなかったと思われる。

2　隠れ信徒をめぐる薩摩藩と高鍋藩

そのへんの事情の一端について『串間市史』には次のように記されている。

寛政十二年（一八〇〇）薩摩藩は、飫肥領内の聞き込みを行った。その結果「飫肥領内への薩州逃散民《ちょうさんみん》は二八〇四人で、その大半は一向宗者である。飫肥藩はかれらをみな細島や豊後からの移住者だということにしている」ということが分かった（『薩藩宗門手形改め仕置』）。弘化元年（一八四四）正国寺は、延岡と豊後の男女四十四人を被官《ひかん》として雇いたいと藩に申し出、許可された。当時、藩は福島の農民確保に懸命であった。翌年の弘化二年、薩摩藩の郡奉行《こおりぶぎょう》が福島へやってきた。そして福島代官田村極人と交渉のうえ、百姓百八十人を薩摩は引き取っていった。この件はこれだけでは結着していない。翌年には薩摩の使者二人が高鍋におもむいて人別方《にんべつがた》と会談したのをはじめ、西方庄屋河野郡治が処罰されたり、高鍋からは山下浪右衛門、日高内左衛門が鹿児島に出向いたり、あげくの果ては嘉永二年（一八四九）、重臣の松下百助が先方まで出かけたうえ五千両の借金申し入れを受けているのである。その後も嘉永四年に薩摩へ二十四人の差し戻しがあり、安政六年（一八五九）は薩摩百姓隠匿ということで正国寺の前住職が罰せられたりしている。

薩摩藩は一向宗を禁教としていたが、信徒はいわゆる隠れ念仏者として講をつくり根強く存在していた。彼らはしばしば日向の地へ越境し、飫肥領内や福島の寺に抜け参りしたが、そのままその地に住みつく者も多かった。

なお、これは時代を下るが、正国寺は明治維新の廃仏毀釈でも廃寺されなかったことにも触れておきたい。

その理由として『福島高立山《こうりゅうざん》正国寺を訪ねて』には次のように記されている。

「正国寺の住僧・門徒が一体となり、火と燃え、火の玉となり生命を捧げんとする意志を固め、時の高鍋知藩事秋月種殷《たねとみ》に陳情した（中略）種殷はこの門信徒の信仰に感激し、その願望をいれ存置することになった」（古川幸吉『福島正国寺を訪ねて』『串間市史』より）

福島の正国寺は、宮崎県はもとより鹿児島県からも隠れ念仏門徒が押し寄せてきた。彼らの信仰心の強さが廃仏毀釈から正国寺を護ったことが考えられる。

このことは、後述の水俣の源光寺や西念寺でも言える（水俣市教育委員会調査）。

3　薩摩藩から正国寺への抜け参りの実情

正国寺は、浄土真宗西本願寺の直参で、開山は宗徳。福島平野中央部に善田原台地があり、正

水飲み場

正国寺近くにある。寺に向かうときは、この水で身繕いをしたり帰るときは竹筒にこの水を汲んだ。（写真　田中靖基氏提供）

国寺は、その南端に位置している。本堂正面には平野が広がり、当時は一面田圃。その先は有明湾で大隅半島を遠望することができる。寺の後背は、台地状になっており全面畑地である。この台地に登ると、正国寺のこんもりとした森が見える。

台地の登り口には出水と称される水飲み場がある。ここで身繕いをして正国寺に向かった。帰路につく際は、ここの水を竹筒に汲んだ。門徒の末期《まつご》の水（人の死にぎわに、その口の中にふくませる水）も、この水を使用したという。

夜陰でも迷うことなくたどり着く。四方を警戒するのは見通しがよく、抜け参りには最適の場所である。出水は今は埋め立てられて無くなっている。

この正国寺について、前田博仁著『薩摩かくれ念仏と日向』（二〇一〇）は、次のように紹介している。

「日向那加郡福島村（現宮崎県串間市）の西本願寺派正国寺は、有明湾に臨み、薩藩境を出ること二里（約八キロメートル）の位置にあり、内之浦・串良・志布志・岩川・末吉・松山・月野・市成などの門徒がここに参詣し法話を聞いたという。陸路は夏井《なつい》番所があり、通過が困難であったから、あるいは福島村の神社（北神社）で行われる火《ひ》の舞《め》を見物すると言って通行していた。火の舞のある北神社の祭神は木花咲耶姫《このはなさくやひめ》である。木花咲耶姫が夫瓊々杵命《ににぎのみこと》から貞操を疑われ、無戸室《うつむろ》に火を放って彦火火出見命《ひこほほでみのみこと》など二神を産んだ神話に基づく舞である。毎年旧暦十二月二十日の夜行われる」

無戸室というのは、四面を塗りふさいだ出入り口のない室のことである。

『鹿児島県史』第二巻でも、福島正国寺への抜け参りの実情をよく把握して次のように記している。ここではさらに、染物屋に行くと言って通過する者もいた。そのため正国寺付近は紺屋《こんや》（染め物屋）が繁盛したという。海路は志布志から福島村字松津に渡ったが、そこには案内者がいたという。正国寺は本山への納金や本尊申請も取り次いだということも記されている。

「日向南那珂郡福島村の西本願寺派正国寺は有明湾に臨み、薩藩境を出る事、二里（約八キロメートル）の位置にあり、内之浦・串良・志布志・岩川・末吉・松山・月野・市成等の門徒が此処に参詣・聞法したといふ。陸路は夏井番所があり、通過困難であったから、或は染め物屋と称し、或は福島村の神社で行はれる火の舞を見物すると称して通行した。ために、正国寺付近は紺屋が繁盛したといふ。海路は、志布志から福島村字松津に渡ったが同所に案内者がいたといふ。本山への納金や本尊申請も正国寺が取次いだのである」（『鹿児島県史　第二巻』一九四〇年　鹿児島県）

松津というのは高松津のことか、いずれにしても高松の間違いであろう（田中靖基　二〇〇九）。

越境してきた実情について事例をあげてみよう。

(1) 日向国福島の人たちは「薩摩門徒」を守った

志布志の信者たちは雨風の夜、山越えなど、人の通らない所を行った。特に柳井谷から笠祇越えをして高鍋藩福島の葛ケ迫（笠祇）からは頻繁に夜、通った。険しい山道なので、葛ケ迫に降りて来るところに「シシセオトシ（死背落とし）」という字地名が残っている。急崖を死の思いをしながら落ちるようにして下っていったという。葛ケ迫からは直接、正国寺に向かって行った。しかし、この解釈については、「シシセオトシ」は猪を追い落とした地であるという指摘もある（川野和昭　二〇二二）。ただし、盛田一穂が指摘するように、この急崖が「死背落とし」として利用されていた可能性が強い。

福島では、「サツマ（薩摩）の人」と呼んで大切にもてなし、法話が始まると福島の信者たちは円陣を作り「薩摩信者」を入れた格好に包んで、何時、何者が襲っても完全に守り切れるように保護した。

海上から高松津を目印として寺に参詣に行った者もいた。

慶安四年（一六五一）に本山の良如上人の御文（手紙をまとめたもの）が葛ケ迫にある（鈴木家に）、田舎では大きいと思われる経机もあるが、これは、ある家に隠れて集まった信者たちが法話などをしたり、聞いたりする時、大人数で使ったといわれる（盛田一穂　一九四七〜一九五五）。

葛ケ迫は、高鍋藩福島の笠祇村のことである。志布志の福島渡から国境の笠祇岳を越えて笠祇村に抜け駆けをしたことが分かる。前述のように急崖を滑り落ちるようにして笠祇に着いた。福島では、信教の自由があったと鹿児島県の各郷土誌では紹介されているが、前にも述べたように、信教の自由があったとは必ずしも言えない。薩摩の密偵が潜んでいることが多かった。そのため福島の人々は、薩摩の人を囲んで守ってやり、法話を聞いたりしていたのである。ただ、出水郷のように、隠し横目を置いて厳しく取り締まったという証拠はない。

(2) 葛ケ迫の荒川幸之助の話（盛田一穂が話を聞いた時は八十七歳）

志布志の柳井谷や天堤、鎌石方面から笠祇岳を越えて、福島の正国寺に拝みに来た。夕方から夜にかけて暗闇の中を、道のない道を、一人あるいは二人と別れ別れにやって来た。まさに命がけであった。服装は、清潔で普通以上のものを着ていた。途中、高い山の上からは漁火《いさりび》が見えた。その時は、志布志の武士が五百人いたという。

正国寺では、福島の人たちが薩摩の人たちを取り巻くように入れた。荒川氏の父は真宗講の番役をつとめていて、正国寺では見張り役をしていた。常に、役人の踏み込みを警戒していたのである。薩摩の人たちは米一升と賽銭を持って来た。

抜け参りなどで法を犯して捕まった人々の仕置き場は、宝満寺と貴島平氏と有川氏との間の広場であった（盛田一穂　一九四七～一九五五）。

志布志の柳井谷や天堤、鎌石方面から抜け参りをする人々は、夜、暗闇の中を、一人、二人と集団を作らないで、命がけで道無き道を歩いていったことが分かる。

(3) 母に背負われて――古老の話

母は、私を背負って、糸カセ（紡いだ糸を巻き取る工字型の道具）を手に持って夏井番所を通った。番人が、「お前は拝みに行くのだろう」と何度も母に聞き返した。母は、「糸染めに」と幾度も答えた。番役は、背中に負われている赤ん坊の私に「おがみに」「おがみに」と手で拝む真似をして尋ねた。母は、私が、「ハイ」と言うのではないかと生きた心地はしなかった。

夏井の人々は、番所で、「拝みに行くのじゃろう」と尻を叩かれた。「アイタ（ああ痛い）、アイタ（ああ痛い）」と大声で叫んだ。大声で叫ばないと杖の数が増えていくからであった。

福島では紺屋で染めたカセを僅かばかり買い入れた。役人に捕まったら、拝みに行ったのではなく紺屋に行ったということを説明するためであった。帰りは、山越え、谷越えして山道を歩き、葛ケ迫を通り笠祇岳を越えて帰った。

家では、線香などは使わないで、納戸に入り、土で作った仮の仏像を布で包み、それを両手に入れて拝んだり、お経などを口の中で唱えた（盛田一穂　一九四七〜一九五五）。

この事例では、境目番所である夏井番所を通ったことが分かる。関所の通行は、なかなか難しかった。

六十六部（六部）の父娘が、さしかかった時、厳しい取り調べがあった。娘は、「法の身に濁《にご》りありとは汲んでみよ、いかに夏井の関守の人」（法を守る身に濁った心があるだろうか。その澄み切った心を思いやってみなさい、関守の人よ）と歌を詠んで海に身を投じたという伝説も長い間語り伝えられている。その時、六十六部が海に身を投じたという岩は今も六部瀬と呼ばれ、村人が供養のために建てたという二基の地蔵が残されている（『志布志の民話』一九九四）。

六十六部（六部）とは、全国の六十六か所の霊場に一部ずつ、書写した法華経を納めて回った宗教者のことをいう。しかし、薩摩藩は、取り締まりが厳しく、許可しても役人をつけて厳重に警戒していた。中には、一向宗を広める者もいたからである。

次に、この関所を通る時は、拝みにいくのだろうと疑われて、白状させるために「アイタ、アイタ」と大声で叫ばなければならなかったことが分かる。『志布志町誌』では、「オイガ、叩ツ真似ヲスッデ、ワヤアイタアイタチオラベヨ（俺が叩く真似をするから、お前は「アイタ〈ああ痛い〉、アイタ」と叫べよ）」と記されている。その説明として、役人が、その人の背中ではなく、地面を叩いたということである。すなわち叩く真似をしたという。

(4)　淵に飛び込み長時間息を止めて飫肥《おび》に逃れた一向宗信者

大川内集落の大浦政則氏の祖父は仏を拝んでいたことが分かった。役人は仏壇もろともに背負わせ、手を縛り、山田坂にさしかかった。坂を下った場所が前川で、六反田の曲折した深淵のある所である。いきなり走り出した政則氏の祖父は、ザンブとばかりに、淵を目がけて飛び込み、その姿は没した。右往左往して騒ぐ役人は「これだけ探しても居ない。遠くへ逃げたのだろう。致し方がない」と言って引き上げて行った。水中で、たらふく水を呑んだ祖父は、やっとの思いで陸に這い上がった。暗夜を利して見え隠れしながら、大川内の自宅まで帰り着いた。ホトホトと戸をたたき、家人に告げて言うには「脱走して帰ってきた。罪は二重になって、難は一家に及ぶ。自分はこれから飫肥藩（現宮崎市中南部および日南市全域）の親戚を頼って逃げていく。皆、達者で暮らせ」と今生の別れをして暗やみに消えて、それ以後、音信もなく数十年過ぎた。家族が飫肥に行って探したが分からなかった。筆者（盛田氏）も機会があったので探してみたがやはり分からずじまいであった。多分、途中で難に遭ったのだろうか（盛田一穂　一九四七～一九五五）。

(5)「イッコシュガユ（一向宗通い）」

大隅国月野（現曽於市）あたりの人々が福島の正国寺に通うことを「一向宗通い」と言った。福島に行くには八郎ケ野の関所を越えなければならなかった。この関所は志布志から手に負えぬような荒っぽい村人を廻していたから、夜中にこっそり山越えして行ったという（岩本弥兵衛氏談）（『大隅町誌』一九六九）。

末吉（現曽於市）の人々も正国寺に通うことを「イッコシュガエ（一向宗通い）」と言った。そのまま福島に居着いた人も多かった。彼らは「真宗くずれ」と呼ばれ、その子孫といわれる家系は多い。

(6) 遠回りして正国寺へ

大隅国内之浦・串良・岩川・末吉・松山・市成などからは、海上より福島の正国寺に参詣するものが多かった（小大塚平男編『内之浦町史』一九六六）。内之浦の人々は船で福島の高松津の海岸に着いたら、内陸部の葛ケ迫集落（現笠祇地区）まで坂を登って行き、それから正国寺に向かって行くようにと口伝されていた。海沿いに沿って正国寺に行くのは取り締まりが厳しく危険だったからである（岸良西岸寺住職談）。

(7) 春先に海が穏やかになるのを待って正国寺へ

大隅国内之浦郷は、三方が山で一方が海であり、役人の見張りは厳しかった。今でも見張り所跡がある。その厳しい監視の下で岸良からも正国寺に抜け参りに行った。岸良浜は波の荒い日が多いので、春先に南西の風が吹き出し波が静かになるのを待って、内之浦より船出して高松に上陸した。

(8) 大淀川を渡って逃げ、西南戦後に志布志に帰った児玉仲助

児玉家は藩政時代から数代にわたる酒屋であった。児玉仲助は福島の正国寺に密かに参詣した。住職井手老師の信頼も篤く、故あって児玉姓を井手姓に改め、本山にも時折、参詣した。仲助は

自宅で仏飯講《ぶっぱんこう》を開き自ら講師として町家の子弟に正信偈《しょうしんげ》や経典の手習いを行い、法話を行った。居眠りすると大声で外へ出よと叱ったという。正信偈は、正しくは「正信念仏偈《しょうしんねんぶつげ》」という。今では独立して読誦されているが、『教行信証《きょうぎょうしんしょう》』の行間に記されている六十行一二〇句からなる偈文《げもん》である。偈文というのは、韻文の形で仏徳を賛嘆している詩句のことである（『親鸞辞典』二〇〇二）。

安政五年（一八五八）、役人が来たという知らせにより、いち早く裏口から逃走し、竹藪の中に身を潜めた。様子をうかがい洞窟の中で時をかせぎ、あけびで飢えをつないだ。山越えして庄内近くの信者の家を訪れた。その潜伏中、ついに捕らえられて都城会所の牢に投獄された。いよいよ、処刑の前夜、白髪の老僧が夢枕に立って、「仲助安心せよ」と二回お告げがあった。これは不思議と思い牢のくぐり戸を押すと音もなく開いた。牢番は松明《たいまつ》の側で居眠りしていた。脱出して日向路を山越えして大淀川に達した。その大淀川を泳ぎ渡り豊後に向かった。大淀川を渡れば、薩摩藩の追っ手は来ないと信じられていた。明治十一年（一八七八）、西南戦争が終わった後、志布志に帰って来た。志布志では評判になり話を聞く者が集まり、家中は人がいっぱいで立錐の余地もなかったという（現当主の井手内科院長・井手節雄氏談『金剛寺誌』）。

「宮崎に逃れた」というのは、大淀川を泳ぎ渡り、豊後（現大分県）の入楽寺に脱出したことを意味する。井手仲助は一八〇センチを超える大男で、幅広い大淀川を楽に泳ぎ渡ったという。その後、正国寺に養子に入った僧蘭とともに福島に来た（正国寺現住職井手真教氏談）。

(9) 薩摩藩からの越境は容易であったのか――高鍋藩の番所について――

最後になるが、高鍋藩の番所はどのようなものであったのであろうか。田中靖基氏の論文『福島隠れ念仏考』に従って、見ていってみよう。

田所番所跡（写真　田中靖基氏提供）

初見の寛永十五年（一六三八）の「高鍋藩人給帳」によると、鹿谷口・岩井田口・市瀬口・高松口・穐山口・奈留口・大河原・真萱御番所の八か所に設置されている。『志布志町史』には「笠祇村の方は秋月藩の見回りとして藩士二人があたっていたが常勤でなく開放的であったらしい」と記されている。これは国替初期のことと考えられるが、かなりゆるやかな見回りであったことが考えられる。

さて大隅半島の門徒はどのようにして越境したのであろうか。まず、志布志前川を「福島渡し」から渡る。そして田所番所を通過、柳谷集落を経て国境を越え、福島鹿谷番所を通過、ここから半里で正国寺に到着する。この鹿谷口番所の役人は、代々集落の現松本本家であり、その屋敷が番所跡である。松本家一族は代々、切支丹であったが、この地に来てからは浄土真宗門徒となり平和に暮らしている。

これを見ると、どの番所も越境は容易であったとは言えないが、時には取り締まりがゆるやかであったことが推測される。

4　二つの禁制――肥後水俣郷と日向福島――

(1)　出水郷と隣接する肥後水俣での隠れ念仏信仰

これについては一部前述したが、福島正国寺と立場を同じくする寺院が肥後水俣に三か寺現存する。そのうち源光寺と西念寺を見ていってみよう。

恵日山源光寺は正保二年(一六四五)に開山した。ここに当時のままに「薩摩部屋」が保存されている。本堂仏壇下に、仏壇と二畳ほどの部屋があり、本堂の説教が直に聴聞できるように作られている。ここに部屋があるということは本堂から発見することは難しいからである。

尊号西念寺は天正十五年(一五七八)に草庵を結び、元和九年(一六二三)の開山とある。仏壇の後部に薩摩部屋の名残りが見られる(『くしま史談会報 No.21』二〇〇九)。

宝暦の大検挙

出水郷は、国境という厳しい取り締まりの特殊事情があった。しかし、一向宗の盛んな水俣に隣接していることもあって隠れ念仏門徒も多かった。宝暦四年（一七五四）の手札改《てふだあらた》めで、一向宗門徒数百人が露見した。たびたび令達を出して自首を求めたところ、その数が数百人に達した。一七〇〇人もの者が自首して転宗を誓った。しかし、薩摩藩の憐憫《れんびん》を良いことにまた一向宗に戻り、秘かに肥後水俣に忍んで、水俣の源光寺や西念寺に抜け参りする者が多かった。

源光寺の地下にある薩摩部屋

本堂の説教が直に聴聞できるように作られている。

（写真　熊本県水俣市教育委員会提供）

そこで出水郷では、宗徒の行動を探るために、薩摩藩の命令で身元の確実な者を秘密裏に選び、隠し横目として肥後に潜入させた。隠し横目は衆中（郷士）三人、町人二人であった。

五人の隠し横目は、それぞれ変装して水俣に潜入し、源光寺・西念寺を見張っていた。

そうしたところ軸谷村の仲兵衛と他に一人連れが、商売という名目で一向寺（源光寺）から帰って行くのを見かけたと出水郷に知らせてきた者がいた。

しかし衆中三人は、二十四日に一向寺を見張っていたが、それらしい者は見当たらなかったと報告している。

町人横目松野勘左衛門・松田市兵衛は、一向寺に

薩摩部屋があり、出水からの門徒は、半地下室になった隠し部屋に忍んで説教を聞いていることを探知した。そこで見たものは、狭い薄暗い部屋に、膝を突き合わせて法悦にひたっている信者の姿であった。

このように隠し横目から報告された者は、鹿児島へ護送された。

出水郷の取り締まりの厳しさは、志布志郷とは比較にならなかったことが分かる。

(2) 日向福島と肥後水俣の一向宗禁制の違い

福島は、伊東氏、島津氏、肝付氏がその争奪に関わっているという厳しい環境であった。問題は、第一に、秋月氏が統治を始めてからの浄土真宗とのかかわりである。秋月氏と本願寺は、薩摩藩の隠れ念仏信者をいかにして福島に導くかに力を入れていた。そのねらいどおり、志布志郷との藩境は、それほど厳格ではなかったために薩摩藩からの多くの門徒が越境して来た。特に知覧郷や加世田郷の人たちは、船で水俣へ行けば良いと思われるが、福島の正国寺に参詣しているのである。

第二に、肥後水俣には源光寺、西念寺などに薩摩部屋があったが、藩境は野間関《のまのせき》という薩摩藩第一の重要な番所があり、郷士が数名ずつ交替で常勤するほか、平松・米之津衆中のうちから八氏が関の付近に定住していたし、間道には遍路番所が設けられており、取り締まりが非常に厳格であった。しかし、海から水俣に行く信者もいた。出水郷では宝暦二年の手札改めで、宗徒数百人が露見し、驚いた藩吏は、たびたび令達を出して自首を求めたところその数一七〇〇人に達した。彼らは転宗を誓ったが心底から転宗を誓ったとは思えない。そこで藩の命令で隠し横目を選び水俣に潜入させた。

もちろん、志布志にも八郎ケ野、夏井の関所のほかに遍路番所があったが、そこでの取り締まりは出水郷ほど厳しくはなかった。

結論として、出水郷と旧日向国志布志郷との真宗禁制の強さを比較することは難しいが、どちらかというと志布志郷の方が旧日向国であったため真宗門徒たちが国境を越えて交流したり、福島に住みついたりしたことなどから、禁制は弱かったのではなかろうか。

ここに福島（現串間市）と志布志郷との間には信教の自由を求めて互いにエネルギッシュに行動する隠れ念仏の本質が浮び上がってくるのに注目する必要がある。これはしかし、水俣郷と出水郷との間にも強弱の差はあっても同じことがいえるのではなかろうか。

第二節　高鍋藩飛び地金崎の「仏もち」の信仰

高鍋藩の飛び地金崎には、都城一帯のカヤカベ類似の宗教（ノノサン）が、「仏もち」といわれる浄土真宗の家にも伝わっている。そこには、都城地方の浄土真宗系隠れ念仏や習合宗教系隠れ念仏（ノノサン）が凝縮されて残っているといわれる。その実態について報告していきたい。

これについては、宮崎市金崎の平山光信氏から聞き取り調査を詳細に行ったのであるが、同氏が『金崎の心』（一九七六　小論集第一輯）を発刊しておられるので、これも重視して見ていこう。

1　高鍋藩（秋月氏）の飛地・金崎

慶長五年（一六〇〇）関ヶ原の戦いの後、徳川家康から本領を安堵された高鍋初代藩主種長は、同年十一月福島へ帰城した。これより四年後の慶長九年に居城を財部（高鍋）に移した。その理由ははっきりしないが、第一に、福島は山地と海に囲まれ、平地が少ない。また参勤交代のため、江戸までの交通が不便である。第二に福島は秋月氏の転封まで島津氏の所領であったから、島津氏支配の風土なり制度が色濃く残っていた。それに十三世紀以来、南部九州は島津氏と伊東氏とに挟まれた場所であった。それに比べて財部は島津色も希薄で、加えて隣藩の延岡は弟である高橋元種の所領であった。このような理由が考えられる。なお、財部が高鍋に改称されたのは寛文九年（一六六九）のことである。

金崎（宮崎市）は、大淀川下流域に広がる宮崎平野部がひらける一帯の農村地帯に位置する。この一帯は中世から戦国時代にかけて支配者が変わり、その末期の秀吉の九州統一後の領地分配で高鍋藩の領地（飛地）となった。その経緯については以下のとおりである。

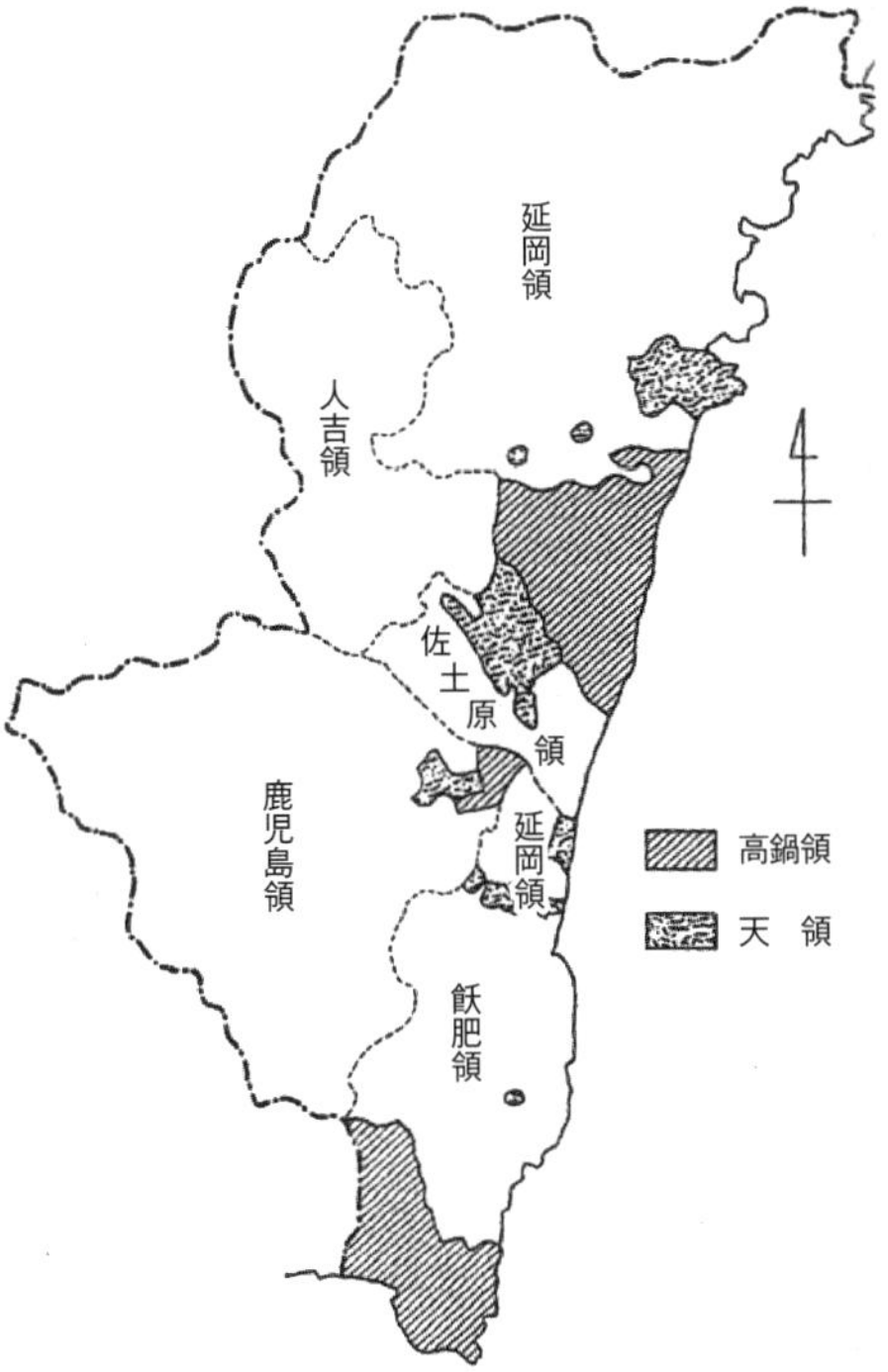

日向における天領以後の諸藩領域略図
高鍋領が分かる（日高次吉『宮崎県の歴史』より）

『瓜生野・倉岡郷土誌』に「天正十五年（一五八七）豊臣秀吉の天下統一後は、その分断政策によって、日向国は延岡・高鍋・佐土原・飫肥・都城（鹿児島支藩）などの小藩分立体制となった。なかでも瓜生野村は延岡藩の飛地、旧倉岡村のうち糸原、柳瀬、堤内・金崎は高鍋藩（飛地）の領地となるなどわが郷土は寸断されたのである」とある。飛地ではあるが金崎は高鍋領であったことが分かる。

『天正6年本藩実録知行方図録』には、「諸方郡のうちかねさき（金崎のこと）12町秋月藩の分地……天正十六年八月五日（秀吉朱印）秋月三郎とのへ」とある（史料提供者　那賀教史氏）。

以上の史料から、金崎は分地あるいは飛地であるが高鍋藩の本領であったことが明らかになる。

2 「仏もち」の成立と様体

金崎集落の仏教の宗派は、朝倉寺曹洞宗の檀家がほとんどである。ただその中で、東諸県郡国富町三名の浄土真宗本願寺派である光西寺に属する檀家が八軒（現在六軒）あり、この八軒の家を通称「仏もち」と呼んでいる。

金崎集落の葬式は、一般家庭の場合は、朝倉寺住職と「仏もち」の人によって、「仏もち」の場合は朝倉寺住職と光西寺住職、他の「仏もち」の人とにより行われるのである。すなわち、曹洞宗と浄土真宗との二派混淆による葬送儀礼である。

金崎では死人が出ると真っ先に米三合を持って「仏もち」を訪ねる。「仏もち」はその米を炊いて、その飯を如来様（阿弥陀如来）に上げるという習わしがある（『瓜生野・倉岡郷土誌』一九八六）。

「仏もち」の家である黒木宝氏、黒木一男氏、横山春吉氏の話によると、田野地区から、各「仏もち」の家に秘かにお詣りに来て、無言で立ち去る人が多かったという。「仏もち」八軒の家を回って拝んだ。『瓜生野・倉岡郷土誌』も「田野・清武方面の真宗門徒が、金崎の如来様を拝みに通い続けたことは事実である。それは明治・大正を通じ昭和も終戦直後まで続いていた。この話は清武にも残っているし金崎にも残っている。信徒たちは、深夜無言のまま家に上がり、念仏を唱え、無言のまま立ち帰ったと伝えられている」と記している。

田野町や清武町（いずれも現在は宮崎市）は飫肥の伊東藩であり、薩摩の一向宗弾圧には直接には関係のない地区であるが、清武町の尾平集落の先代は、薩摩の一向宗弾圧を恐れて、仏とともに他藩に安住の地を求めて定住した人たちである。尾平集落の川口吾一氏の話によると、今を去る一七二年前に、川口氏の先祖は、薩摩からここに移住してきた。この集落の言い伝えによると、阿弥陀如来像を持って倉岡まで行ったが、倉岡も薩摩藩であったために、伊東藩に足を入れ、ここに定住するようになった。このようなことから金崎の「仏もち」の宗教法事は、鹿児島、都城地方に伝わる、隠れ念仏や、カヤカベ類似の宗教との関係が大きいことが考えられる。

「仏もち」は浄土真宗であるが、昔から呪術にも勝れ、村人のために祈禱をしたり、病気の治療を行ってきた（平山光信氏談　二〇〇四）。横山幸一氏家や黒木聡実氏家には、多数の浄土真宗系の経文と阿弥陀如来像が残されている。また、「仏もち」は修行が必要とされ、横山家には四国遍路の菅笠と「奉遍路四国中霊場同行人」と「昭和十三年三月吉日　南無大師遍照金剛」の木札が残されている。

金崎に仏が持ち込まれたいきさつについては、平山光信氏は二つの説をあげている。一つは、三名光西寺に仏が持ち込まれて、光西寺から、金崎の「仏もち」の家に持ち込まれたという説。二つ目は、薩摩国から直接金崎に仏が持ち込まれたという説である。平山氏は第一の説が妥当ではなかろうかと推察している。筆者もこの説が正しいのではないかと思うが、『瓜生野・倉岡郷土誌』は「両説がある」として結論を出していない。

金崎の黒木家の祖先に次のような法名（戒名）が記された繰位牌（戒名や法名が記された札板を十枚前後、入れられるようにした位牌）がある。

貞享三寅天
釋道専正定位
五月三日

法名に釋がつくのは浄土真宗に多い。黒木家の法名からすると、黒木家は貞享の頃から真宗門徒であったということになる（貞享三年は一六八六）。

『瓜生野・倉岡郷土誌』には次のようなことが記されている（文章は筆者により

「仏もち」の家の仏壇
阿弥陀絵像如来絵像、繰位牌を中心に（黒木聡実氏宅）。

金崎の黒木聡実氏宅の亀の甲に立つ鶴の燭台

亀の甲に立つ鶴の燭台

カヤカベ類似の宗教地帯

一部書き改めてある）。

薩摩藩から飫肥藩へ真宗門徒が逃亡してきたのは、寛政十年（一七九八）であるから、それよりも百年以上前から黒木家はすでに真宗門徒であったということである。また、光西寺が真宗へ帰宗を許されたの宝暦十二年（一七六二）より八十六年前ということになる。しかし、三名の光西寺から金崎へ持ち込まれた阿弥陀如来絵像はどこにも見当たらない。あるのは阿弥陀如来絵像である。黒木家に絵像を持ち込んだのは、田野村の「畋市」という人物であることが口伝として残っている。そして、この絵像には鉄製の花立て、鉄製の鶴亀を象った燭台など仏具も添えられている。

金崎の八軒の「仏もち」がどのようにして決められたのかについて『郷土誌』は、「高鍋藩」では門徒の数を限定するため、光西寺のように「クジ引で門徒を決めたといういきさつもある。金崎の〈仏もち〉も或いはそれにならったものかも知れない」と推測している。

このことについては、国富町光西寺の宝暦十二年壬午六月五日に書かれた『旧記』（浄土真宗本願寺派宮崎組光西寺蔵）がある。藩は村の内から門徒を「くじ引」で選び出し、人数を限定してゆるしていたことが記されている（米村竜治『無縁と土着――隠れ念仏考――』一九八八）。

『宮崎県史』通史編　近世1　では次のように記されている。

「浄土真宗（一向宗）については、その活動が一段と進んだらしい。安永四年（一七七五）、野別府の村へ一～二年前から美々津《みみつ》（現日向市）の正覚寺《しょうかくじ》被官が入り込んで念仏を勧め、百姓が農事を怠り、念仏一遍になっているようであるが、一とおりのことは仕方がないとしても、農事を怠るようになってはいけないと正覚寺・覚照寺を呼んで法談をしないように、また庄屋にもそれを止めさせるように達しがあった」

このことについて、安永四年乙未の三月二十八日付の『高鍋藩続本藩実録三』には「野別府木和田いづり葉村、鼓村辺へ一両年以前より正覚寺ヒ官金蔵と申すもの入込み、念仏相進め、百姓農事に怠り念仏一編ニこれある由、一通りの義は苦しからず候得共、農事に怠り妨げに相成り候てハ不宜候間、奉行所へ正覚寺、覚照寺召呼び、入込法談仕らず候よう相達し、百姓は屹度相止め候よう申し付けべき旨、庄屋へ申達す」と記されている（米村竜治『無縁と土着』）。

ここでは、浄土真宗が許されるのは、あくまでも本堂の内部においてである。これは百姓の講結社を禁圧しているためである。

3　カヤカベ類似の宗教との比較

筆者は平成十六年に、数回民俗調査に入った。ここでは、平山光信氏の著『平山の心』を中心に、筆者の調査結果を加えて論を進めていきたい。

平山光信氏は、カヤカベ類似の宗教との比較に立元久夫氏の「カヤカベ神道の人々」の論考と比較している。したがって、拙著『霧島山麓の隠れ念仏と修験』の例には出てこないものが多いので、ご容赦をお願いしたい。なお、立元久夫氏の「カヤカベ神道」の用語については、拙著では「カヤカベ類似の宗教（ノノサン）」、あるいは「習合宗教系隠れ念仏」と表記し、ここではその表記によっていることをお断りしておきたい。

最初に、民俗宗教の比較の例として筆者が適切と考える、「阿字観」「枕はづし」「三隅蚊帳」「六部の水神化」について、「金崎の経文」を「都城地方のカヤカベ類似の宗教」などの経文と比べてみよう。これらは非常に類似しているのである。それは何故だろうか。

(1)　「あじ（阿字）のふるさと」の経文は仏教の根本原理を説いている

金崎の経文

枕がみに立ちそう鳥　早く立ち帰れ　みのりの舟　ありのさと　しじゅうはちかぜん

しゃかまんだら　あぶらうんけんそわか

都城地方のカヤカベ類似の宗教（ノノサン）地帯の経文

枕びょうぶに立つ鳥　早立ち帰れ　みのりの舟　あじのふるさと　しじゅうはちわん

しゃかまんだら　あぶらうんけんそわか

両者は一部表現の違いはあっても同じ意味である。

「あじのふるさと」の「あじ」は「阿字」で梵語の十二の母音の第一で、事物の始まり、根本を意味する。密教では、宇宙万物は元来不生《ふしょう》にして不滅であるから、真理が体得できるという意味である。

阿字観の瞑想法《めいそうほう》は「自己の本源たる根本生命のあるがままに、生滅《しょうめつ》のないものと宇宙の一切事を空に観想《かんそう》（物事の真の姿を知恵の眼をもって見すえること）していく」法である（徳山暉純『梵字手帳』一九七六）。

都城地方のカヤカベ類似の宗教も金崎の経文も秘技伝授のものであるが、瞑想までする例は少ない。ここには、真言密教を説く修験者の影響がある。

「しじゅうはちわん」は四十八の椀の意味であるが、これは「しじゅうはちがん（四十八願）」に結びついてくる。「四十八願」というのは、阿弥陀仏が法蔵比丘尼《ほうぞうびくに》と称して修行していた時に立てた四十八の誓願をいう。

「しゃかまんだら」は「釈迦」を中心に諸尊を配した曼荼羅《まんだら》のことである。曼荼羅は密教で宇宙の真理を表すために仏・菩薩を一定の枠のなかに配したものである。すなわち、ここでは死霊に仏・菩薩の居る悟りの世界に入って行きなさいという意味に解したい。

「あぶらうんけんそわか」は「あびらうんけんそわか」で、胎蔵界大日如来に帰命いたします。すなわち、教えに従いますと解したい。

(2)「枕はづし」の意味・形態に特色がある。

都城地方

仏飯講

おちどまちがいのところは　おたすけたもれ　一如様　かけこみ　枕はづし　とめ経

てんじくのみはち　仏餉上げ　お前もの上げ　寺もと

金崎

報恩講

まつりはづしはござるとも　うけとりはづしは　よもござるまい　一如様　かけつけ

枕はづし　とどめの経　あか金のみはち　仏餉米上げ　おまい上げ　仏もち

都城地方の仏飯講というのは、同門の衆が集まり、読経し、食事をいただく宗教的な集まりで、年一回ないし数回、行う。都城地方では報恩講のことを言うこともある。金崎の報恩講は祖師・先師の恩に報いるために行う法要である。真宗系では祖師親鸞の忌日十六日に行う宗教行事である。

都城地方の「おちどまちがいのところはおたすけたもれ」と金崎の「まつりはづしはござるとも　うけとりはづしは　よもざるまい」というのは同じ意味である。他の地方でも民俗信仰や神道では広く唱えられている。神様に、お祈りや供え物は、必ずお受け取りくださいと頼んでいるものと解したい。

「枕はづし」は、枕経を読む際に死人の枕をはづし、北枕にするという意味と解したい。「とめ経」「とどめの経」は臨終の際の枕経のこと。ただ、都城地方のカヤカベ類似の宗教では「枕はづし」は信徒が集まって行う秘密の宗教行事で、筆者も、立ち会うことはもちろん、聞き取り調査を行うことも当然ながら許されなかった。ここ金崎では、三隅蚊帳を鎌で切り落とし、死者の枕を足で蹴飛ばし、死者に被した逆さ着物を剝ぎ取り、死者に焼酎を吹きかける行事である。死者を他界に放逐する行為であるが、ここには死霊恐怖感がにじみ出ている。そうしないと死霊はいつまでも家に居り、人間に取り付くのである。

これに関して宗教研究者・中別府温和はカヤカベ類似の宗教の経文を次のように紹介している。

マクラ木とマクラビョウブニタスルモノワ、ホトトギス、マコト、ゴショウノ鳥ナレバ、ハヤ　ツキワタセ、ナンマイダ（中別府温和　一九九一）

「タスル」は「タツ」が変化したものか。「ゴショウ」は後生のこと。「ハヤツキワタセ」は早く次ぎ渡せの意味と解したい。

ホトトギス（時鳥）は、独特の鳴き声で田植えや山芋を掘る時期を知らせるので、農事に関係のある鳥として「四手《しで》の田長《たおさ》」と呼ばれた。一方、鳴き声が陰気で悲痛に聞こえるというので「死出《しで》の田長」でもあると考えられた。また時鳥を「魂の迎え鳥」とか「冥土の鳥」と呼んで、霊界との関係が深い鳥と見なす例も多い（佐々木清光 一九九一）。その意味で冥土で亡者の案内と過去の世を往復する鳥とする説もある（石田瑞麿 一九九二）。また、鳥は現世と他界を結ぶもので天界に死者を運ぶ役割をしているという考え方もある。

「てんじくのみはち」は天竺《てんじく》（インドの古称）の御鉢のこと。「あか金のみはち」は、閼伽《あか》は仏に供える清水、香水《こうずい》などのこと。したがって、仏前に清水を供える器のことである。

「おまえもの上げ」というのは、仏前に供える物と解したい。「おまい上げ」も同じ意味である。

都城地方は、寺元に供えるが、金崎は「仏もち」に供える。

(3) 三隅蚊帳《みすみがや》は張るな

都城市山田町の「枕はづし」には次のような経文がある。

まくらびょうぶにたつとりも、ほとけ、さきのよになくとりも、ほとけ、みだのじょうどにおとどけたもれや、なむあみだ、はやたちかえれ、あじのふるさと、またぞかえるな、なむあみだ、こけのころもをぬぎすてて、ごんべがわらのみずくみあげて、あらいすすぎてあごのはごろも、あわせきて、なむあみだ、

「さきのよ（先の世）」というのは生まれる前に生きていた世のこと。

「みだのよ（弥陀の世）」というのは、阿弥陀浄土の世界。

「こけのころも（苔の衣）」というのは、隠者や僧侶が着るみすぼらしい衣。ここでは死者に着せた着物。

「ごんべがわら」は、「金剛河原」の意味か。都城地方のカヤカベ類似の宗教地帯では、「金剛《こんごう》川《がわ》」となっている。金剛界というのは、密教で大日如来を知徳の方面から説いたものであるが、金剛川というのは、大日如来に護られたあの世の川の意と解したい。

「あごのはごろも（吾子の羽衣）」というのは、「天の羽衣」の意か。都城地方のカヤカベ類似の宗教では、「天の羽衣」となっている。

これらの経文を見ると、時鳥に死者を早く冥土とか後生に連れて行ってくれ、とか死霊にまた帰って来るなとの強い願いが表されていることが分かる。死霊への恐怖心がいかに強かったかが分かる。

さて三隅蚊帳のことであるが、死につながるから日常は三隅蚊帳は張るな、という伝承がある。三隅蚊帳というのは、四隅の一つの吊り手、すなわち死人の足の方をはずして吊る蚊帳の吊り方

である。

⑷　葬式の法事

金崎では、講中に死人が出た時は、その講中の「仏もち」の家に仏餉米《ぶっしょごめ》を三合持って二人でお詣りする。「仏もち」の家では、早速、ご飯を炊いて仏様に供える。

葬式の日、「仏もち」の家が行う法事は次のとおりである。

先ず、その一つは仏餉《ぶっしょう》飯取りである。仏餉というのは、仏に供える米の飯のことである。「仏もち」の人が炊事場に入り、釜の蓋を開け、しゃもじで東西南北に点を打ち、「しじゅうはちかぜんを……」（前述）と唱えながら、お椀に山盛りにご飯をつぎ死者の枕辺に置く。「仏もち」の横山正一氏の話では、ご飯の炊き具合で、花の形や鳥の形になったりする。門徒たちは、この様子を見て、死んだら花や鳥になっていったと言った。

都城地方のカヤカベ類似の宗教地帯でも死人があった時は、どこよりも早く寺元に行きお詣りをする。鹿児島県いちき串木野市荒川・羽島のダンナドンでも同じようなしきたりがある（森田清美　二〇〇一）。

なお、東西南北に点を打つことの意味について、平山光信氏は「迷故三界城有　悟故十方空也　本来無東西　何処有南北」の意味であろう、と推察している。それについては、鹿児島県いちき串木野市荒川・羽島のダンナドン信仰地帯では四方門という次のような厄祓いの経文がある。

「東、トウジョウ国、甲乙ノ方、春三千の風ヲ司ルハ、薬師如来の浄土アイ（有り）、西、サイジョウ国、丙丁の方、秋三千の風ヲ司ルハ、阿弥陀如来の浄土アイ、南、ナンシュウ国、壬癸ノ方、夏三千の風ヲ司ルハ、観音セイジノ浄土アイ、北、ホッキョウ国、丙丁ノ方、冬三千ノ風ヲ司ルハ、釈迦如来ノ浄土アイ、四方ノ風ヲ司ルハ、四方ノ諸仏神ニ、上ゲクウデ、メエラセ（参らせ）申す、」（後略）

東西南北を薬師、阿弥陀、観音、釈迦の居る方向としているのである。このような解釈をすることも考えられる。

時の座が、野辺の送りの時、「仏もち」の人は鐃鈸《にょうはち》を持ち、僧侶の読経に唱和しながら鐃鈸を叩きながら墓地まで行く。墓地の坂を上る時、次のような経文を唱える。

みのりのふねに、のりものはなし、あびらほんけんそわか

「みのりのふね」とは「みのり（御法）の舟」の意で、死者を彼岸の世界へ送り届ける舟のことである。「のりものはなし」の意味は不明であるが、早くあの世に行ってくれ、との願いを強調したものである。ここにも死霊恐怖感が出ている。横山正一氏の話では、お経の練習は秘密裏に、特に夜中に行っていたという。

(5) 「仏もち」の家の仏具。特に「亀の甲に立つ鶴の燭台」に注目

このことについては一部、前述したが、「仏もち」の家には、阿弥陀如来とともに付随してき

曼荼羅図

諸尊の姿を描いた図。密教では万徳円満で菩提の境地の意をあらわす。ここに「仏もち」が修験の性格を有していたことが分かる。（横山幸一氏宅）

たと思われる仏具に次のようなものがある。

・亀の甲に立つ鶴の燭台

・輪燈　・香炉　・仏餉上げ椀

・線香立て　・花立て　・台座

・高僧和尚の経典など

亀の甲に立つ燭台は、都城地方のカヤカベ類似の宗教地帯、鹿児島県いちき串木野市荒川・羽島のダンナドン信仰地帯にも見られる。

(6) あやめられた六部が水神として祭られている

都城地方の六部殺しでは、あやめられた後、水神として祭られている例が多い。ただし、六部を実際にあやめたかどうかは疑問で、シャーマンであるウラカタドンの占いによって知らされたという例が多い。

さて、金崎にもそのような話が伝わっている。

昔、享保年間の頃、道安という六部がこの村を訪れて来た。ところがある日。六部が村の掟を守らないといって村人と争いが始まった。その結果、村人は六部をあやめてしまった。そのとき六部は、私の言うことが正しいか間違っているか、位牌《いはい》を本庄川に流してみよ。私の言うことが正しかったら位牌が逆さに流れるであろう。と言って悔しい思いで死んでいった。その後、村人が位牌を流したら、逆さに流れ、はるか上流の綾にある川中神社の下の淵に浮かんでいた。その後、御霊が村人に祟《たた》り、厳しい神として恐れられた。そのため道安様の供養墓を享保十二年（一七二七）に建て丁重に供養している。平山光信氏は、水神として村人に供養されていると教示してくれた（森田清美　二〇〇八）。

(7) きと事（祈禱事）——修験が基層文化に

「仏もち」の家では祈禱もするのである。祈禱というのは神仏に事を告げて、崇拝対象と同化し、真言を唱えて、守護や魔を払うために祈ることである。これは、都城盆地のカヤカベ類似の宗教を担う修験者たちが金崎に伝道していったことを示すものである。ここに修験が同化していることが分かる。むしろ霧島修験が基層文化として定着しているのである。

手錫杖《てしゃくじょう》

手錫杖は、人々を悟りに導くために智杖《ちじょう》と言われ、修験道では声明を唱えながら振る。祈禱に用いることが多い。（横山幸一氏宅）

おわりに

以上、いろいろな例を挙げて都城地方のカヤカベ類似の宗教地帯の事例と比較してきたが、平山光信氏は「私は金崎に伝わる仏もちの宗教法事を、ただ、単なる民俗風習として捨て去るのは、あまりにも惜しい気がしてならない」と語っている。

これについて『金崎の心』の序文を書いた立元久夫氏は、金崎では、「真宗弾圧で生じたカヤカベ神道（カヤカベ類似の宗教＝筆者注）」が、より仏教的な形で残っていると思う」と指摘をしている。

筆者も、その説に賛意を示したいが、神道的、修験道的要素も残っていることを指摘したい。高鍋藩では、薩摩藩で禁止されていた浄土真宗系隠れ念仏も習合宗教系隠れ念仏（都城地方のカヤカベ類似の宗教、鹿児島県始良市牧園町、湧水町のカヤカベ教、いちき串木野市荒川・羽島のダンナドン信仰）も残存していることが分かる。

金崎は高鍋藩本領にあり、薩摩藩の影響も少なかったため、より原形を留めた隠れ念仏が後世まで残っていたことが考えられる。今後、この地域でのさらなる比較研究が必要とされる。

2の章　隠れ念仏の母

――「ホトケバアサン（仏婆様）」を信仰の中心とする「ウチノニョウサン（内の如様）」――

はじめに

鹿児島県鹿児島市小山田町と皆与志町、旧日置郡郡山町の東俣（鹿児島市東俣町）と川田（鹿児島市と川田町）には「ウチノニョウサン（内之如様）」（以後、「内の如さん」と表記）という浄土真宗系と習合宗教系の「隠れ念仏」が点在・分布している。これは、薩摩藩政時代から明治九年（一八七六）九月に信教の自由が公認されるまで続いていた「隠れ念仏」と同性格と考えられるが、現在も隠れている「習合宗教系隠れ念仏」が混在している。

その宗教は、明治九年の信教の自由公認以降も続き、「隠れ」あるいは「隠し」の信仰が秘密裏に信仰されてきたのである。

現在も続いている「習合宗教系隠れ念仏」については、拙著『霧島山麓における隠れ念仏と修験』（二〇〇八）、『隠れ念仏と救い』（二〇〇八）で紹介し、詳細に考察を重ねた。しかし、それらとはかなり異なる「習合宗教系隠れ念仏」が、混在しながら今もって続いていることは注目に値する。

「習合宗教系隠れ念仏」は、浄土宗や浄土真宗・修験道・神道などと習合し、「隠れ」あるいは「隠し」の宗教となっている。そこには密教の秘密念仏の影響があるのではないかということを前記の拙著で論じた。それに加えて浄土真宗における異安心派【註1】の流れのあることにも言及した。しかし、この「内の如さん」は浄土真宗の色合いも強いが、「ホトケバアサン（仏婆さん）」

の冥界通信が信仰の核となっている。「ホトケバアサン」にシケがかかり、エクスタシーの状態となるのである。シケというのはトランス状態になり、あの世と直接交流し、死霊の意思を知らされること。エクスタシーというのは、神仏などの絶対者と一体化するような神秘体験において感得される忘我、恍惚、法悦などの状態をさす。

死霊を呼び出すときは、「番役」と呼ばれる浄土真宗講の指導者の読誦が必要となるときも多い。これは浄土真宗系隠れ念仏の性格を有しながらも、修験者が霊を降臨させて巫女に憑依させ御神託を述べさせる修験道の憑依形態に類似しているのである。こういう意味では、霧島山麓や宮崎県都城盆地の「習合宗教系隠れ念仏」と類似した性格と内容を持つ。そして、現在、「隠れ」ないし「隠し」の性格を持つ原因については、シャーマンである「ホトケバアサン」の呪術、すなわち、あの世から死霊や先祖霊を呼び出すという、超能力的な呪力が失われないようにするためであると多くの信者たちは語る。もちろん、薩摩藩が厳しく弾圧してきた悲惨な歴史にも原因の一端があることは確かで、現在でも権力を持った役人とか警察官を恐れている信者も多い。明治九年(一八七六)九月に信教の自由が公認されて以後、弾圧がなくなった現在でも、その傾向が若干残っているのも秘密を守るためである。

その「内の如さん」は、この地域に点在・分布しているのであるが、その組織ないし講員から、自分たちの信仰の仲間に入れてよい、と見なされた人だけが加入を認められるのである。家族が違うからというより、個人として、その信仰への強い姿勢あるいは真摯な生活態度が要求されている。そのため、夫婦であっても共に加入しているわけではない。兄弟でもそうである。それだけに「選ばれた人」という選民意識があり、誇りを持っている。そのため、団結心は強い。婚姻関係は、現在はともかく昭和四十〜五十年ぐらいまでは同じ信者同士が一緒になる例が多かった。「内の如さん」は、現存しているのは確かであるが、代々の「ホトケバアサン」が、一時、途絶えている現在、事実上休止の状態にある。一方、この地域には、「習合宗教系隠れ念仏」の信者ではない勝れた女性のシャーマンが現在も活躍している。しかし、そのシャーマンの守護神が異なり「隠れ神」でないという理由で、「ホトケバアサン」として受け入れられていない。それでも、「ホトケバアサン」が休止している状況のなかで、「内の如さん」が信者の多くからは崇敬され、家族の年忌供養には、このシャーマンを尋ねて来る人は多い。実に複雑な様相を呈している。

さて、この論考では次の点をねらいとしていきたい。

第一に、「ホトケバアサン」を母として崇め、番役の読経によってトランス状態になる関係は、修験者と巫女の憑依関係におけるものと共通しているのではないか。さらには、霧島山麓の「習合宗教系隠れ念仏」の山法師と巫女、善知識とシャクトリ（巫女）、宮崎県都城盆地の「習合宗教系緒隠れ念仏（カヤカベ類似の宗教）」のヤンブシ（山伏）ないしウラカタドン（占方殿）と巫女、いちき串木野市荒川・羽島地区の「トイナモン（年の者）」と巫女との関係に類似していないか。

第二に、「内の如さん」の厳しい入信儀礼は密教や修験の思想に類似していないか。この厳しい入信儀礼は、霧島山麓や都城盆地の「習合宗教系隠れ念仏」、東北地方を中心として分布する「隠し念仏」や佐賀県の「新後生」にも共通するところがあるのではないか。

第三に、「隠れ」ないし「隠し」の真の要因は、シャーマンである「ホトケバアサン」の「御座」においての冥界通信が失われることによるのではないか。

第四に、薩摩藩政時代から明治九年（一八七六）に信仰が公認されるまで、古くから伝わる浄土真宗系の異安心派が鹿児島城下を中心にかなり広がっていたのではないか。また、本願寺派の正当派でも、このようなシャーマニスティックな講がはびこっていたことを裏付けるものではないか。浄土真宗が普及していくためには、薩摩の人々にとっては魅力的な冥界通信が実習される場が必要とされたのではないか。また、そのような魅力がないと、厳しい弾圧の下で隠れ念仏が普及していかなかったのではないか。

以上の点の解明をねらいとして論を進めていきたい。

【註】

1　**異安心**　仏教各宗派において、祖師の伝承にもとづく正当派と異なった見解・領解《りょうげ》をいう。異流、異義、異計、邪義ともいう。とくに浄土真宗では、正当の安心を重んじ、異安心の排除に熱心であった。真宗における異安心は、すでに親鸞の在世中、その門下に〈一念・多念〉〈有念・無念〉の論争があった。本願寺を開創した覚如は、親鸞の正意の発揮につとめ、仏光寺系の〈知識帰命〉や唯善の〈無宿善往生〉の異安心を排除した（以下略）（薗田香融『世界宗教大事典』一九九一　所収）。

近世本願寺教団に起こった三業惑乱事件は、宝暦十二年（一七六二）、越前国の平乗寺の功存《こうそん》が、同国成願寺龍養《りょうゆう》の無帰命を糾した『願生帰命弁《がんしょうきみょうべん》』を著したことに端を発した。元来、三業帰命説は宗主法如や第五代能化《のうけ》義教らをはじめ学林（龍谷大学の前身）の伝統教学として支持されてきた。ところが、明和六年（一七六九）四月、功存が学僧の最高位である第六代能化を継職し三業安心が強調されるとやがて批判や対立が顕著になってきた。寛政八年（一七九六）、功存が没し浄教寺智洞が第七代能化に就任し三業安心が強調されると両派の対立が激化した。三業派は大坂尼崎町善行寺正運など学林八僧が中心であった。（略）真宗禁制下にも三業派の講が成立していたが、その三業安心の流布に重要な役割を果たしたのが慈光寺（現堺市中ノ町）の大魯《たいろ》であった（星野元貞『薩摩のかくれ門徒』一九八八）。「内の如さん」にも大魯の影響があるといわれている。

1　「内の如さん」信仰の分布・点在地域

「内の如さん」が点在・分布している地域は前述のとおりであるが、これらの地域は歴史的・地理的にはどのような性格と特色を有しているのであろうか。

小山田村（鹿児島市小山田町）と比志島村（同皆与志町）は、薩摩藩政時代は、日置郡に属していた。郡山の東俣村（同東俣町）と川田村（同川田町）も同じように日置郡であった。ただし、小山田村は、『三州御治世要覧』による旧高旧領取調帳では鹿児島郡に属し、「高一千八百三十六石余」、鹿児島郡鹿児島近在のうちと記され、租税徴収上は、鹿児島郡と同様の取り扱いを受けていた。

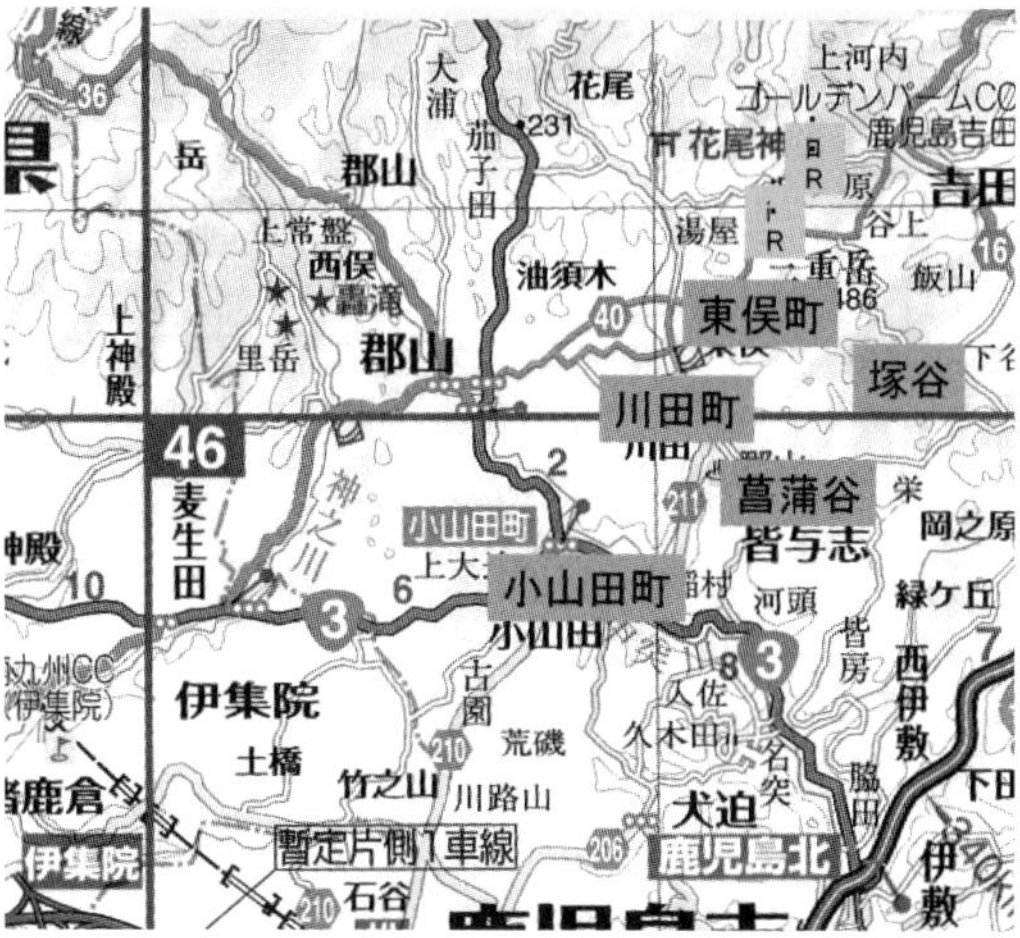

「内の如さん」が点在する地域分布図

一方、皆与志町という名は、昭和二十五年から鹿児島市における町名となっている。同年に旧来の伊敷村比志島と皆房が合併したものである。皆房は、近世は鹿児島郡皆房村で、天保年間末に比志島村と合併している。しかし、明治初期にはまた分離し、昭和二十二年までは皆房村であった（『鹿児島県地名大辞典』一九八三）。「内の如さん」の信者は皆房には原則として存在していない。

比志島村は藩政時代は、日置郡に属し、租税徴収上は、鹿児島郡鹿児島近在のうちと称される地域であった。しかし地理的に郡山郷川田とは近接しており、人々の日常生活における往来や婚姻関係は濃密であった。同じように、小山田と川田、川田と東俣も近接しており人々の往来が頻繁で婚姻関係も同じように濃かった。

この四村に共通するのが、中世は満家院に属していたことである。他に、郡山郷郡山村・油須木村、西俣村、厚地村も満家院に属していた。しかし、交通上の関係からか理由は分からないが、この地域は「内の如さん」の信仰地域ではない。また、同じ東俣村にしても永山は山間部にあるため人の行き来が頻繁でなかった。そのため、「内の如さん」の信仰地域には属していない。

2　「内の如さん」の歴史と「ホトケバアサン」の系列

この隠れ念仏信仰は、シャーマンである「ホトケバアサン」が核となり支えとなっているから、このシャーマンがいつ頃から出現したかということを探っていけば、「内の如さん」信仰の歴史が分かってくる。

「ホトケバアサン」は「取次人」ともいわれている。それは、御座において、あの世とこの世を取り次ぐ役割を果たしているからである。あの世の死霊を呼び出し、この世の家族や親族、信者に、あの世での状況やその思いを、死霊の声として語るのである。このような場を御座と呼んでいる。すなわち、「ホトケバアサン」は「新口寄せ《あらくちよ》」や「古口寄せ《ふるくちよ》」（後で説明）をするのである。これをすることが、遺族の死者に対する何よりの供養だと信じられている。

(1)　初代「ホトケバアサン」井手上マンガメ

「内の如さん」で、多くの取次人のうち、信者が最も崇敬している人が、第何代目かの「ホトケバアサン」として数えられている。

取次人の初代は、伝承では、小山田町名越の井手上マンガメといわれている。この人は「井手上家過去帳」によれば、明治三十五年（一九〇二）五月に五十歳で亡くなっている。その夫は善吉で明治二十五年に死亡している。その「過去帳」によると「法義取次人」と記されている。佐々木教正の『血は輝く』には、善吉について「井手上善吉、西村の寺といふ所に引かれて、臀部がズタズタに腐れ墜ちるに至った程の責を受けたが、白状に及ばなかった。また娘の一人も裸体責を受け更に縄摺り責までくわえられんとしたが、是は中止された」と記されている。

『血は輝く』は、鹿児島本派本願寺別院に勤務していた佐々木教正が、開教五十年法要に際し、殉教者の悲惨な状況を後世に伝えるために、大正時代にその伝承を採取し、大正十四年（一九二五）に刊行したものである。これは、佐々木が綿密な聞き書き調査を重ねて記したもので、かなり史実と合致していると推定される。薩摩藩や鹿児島県による隠れ念仏門徒に対する弾圧の状況に関する伝承がほとんど消えてしまった現在、貴重な歴史学や宗教学、民俗宗教学の資料として高く評価できる。

シャーマンを核とする隠れ念仏、例えば、鹿児島県牧園町（現霧島市）を中心とする「カヤカベ経」やいちき串木野市荒川町・羽島町の「ダンナドン信仰」、宮崎県都城市の「カヤカベ類似の宗教（ノノサン）」の「習合宗教系隠れ念仏」地帯では、逮捕されたり、拷問にかけられたりという信者の例は少ない。この点で、「内の如さん」信仰は、少なくとも初期には「浄土真宗系隠れ念仏」の色合いが強かったことが分かる。

さて井手上マンガメは、当時から信仰心の厚い人であったという。マンガメは番役井手上善吉の妻である。とするとマンガメが初代取次人であったことはありうることと推測される。それが史実とすると「内の如さん」の創始は、幕末から明治のはじめ頃ということになる。筆者はもっと時代を遡るのではないかと考えているが、今のところ、実証する史料が出てきていない。

(2) 二代目「ホトケバアサン」井手上イセヅル

二代目取次人は善吉の息子嫁、井手上イセヅルである。なお、取次人は、前代の取次人が亡くなる時、次の人を遺言で指名するのが普通である。それを「内の如さん」の講員たちが承認することにより決まる。「井手上家過去帳」によるとイセヅルが「二代目取次人」と記され、昭和九年（一九三四）八月二十四日に七十八歳で死亡している。

「過去帳」には、「盲目になってからも取次人の母として七十八歳まで人々に親しまれた」とある。「取次人の母」というのは、「内の如さん」の信者からみれば、取次人は信仰の母に相当するような慈悲深い人であるが、その取次人の中でも母として尊敬されている人という意味である。

イセヅルは盲目であった。仁之助の養女、井手上菊（大正七年〈一九一八〉一月二十五日生）は、「内の如さん」の講や信者の年忌法要に出かける時は、小学校五年の頃からイセヅルを帯で背負って出かけた。イセヅルは、「落とすんな、落とすんな（落とすな、落とすな）」と心配そうに背中から菊に呼びかけてきたという。そして菊に、「頑張れ、人に頼んな（頼むな）」とか「人にお金を貸すもんじゃなか（貸すものではない）」などと、多くの心構えや教訓を教えてくれた。

菊は、イセヅルの夫、熊次郎（昭和十一年九月に八十一歳で死亡）から「念仏を唱え」と念仏読誦の大切さを小さいときから教え込まれた。怠ったりすると、ご飯茶碗を取り上げられた。念仏を唱えないとご飯が食べられないのである。時には、頭を後ろから押さえつけて念仏を唱えさせられた。これは、強制的に唱えさせたことを意味しているのであろうが、仏の心が口の中に入って来るまで熱心に拝ませたと考えられる。この点で、東北地方の「隠し念仏」地帯入信の儀礼「オトリアゲ」と共通するところがある。「オトリアゲ」は単なる入信儀礼ではない。信心を獲得し、即身成仏が決定されるという、重大な意味を持つ儀式であるとされる。菊が頭を押さえられて唱えさせられたというのは、エクスタシーに近い状態に入り、仏が菊の口に入り即身成仏したということが考えられる。

イセヅルにはよく御聴聞が降りた。御聴聞とは、シケがかかり、すなわち、イセヅルがトランス状態（変性意識状態）になり、あの世と直接交流し、死霊の意思を知らされることである。それを遺族や信者に語る。シケというのは、この場合、浄土真宗講の法義の指導者である番役による「正信偈」などの読経により突然、身体が震えだしてトランスの状態になることである。番役でなくてもイセヅルの息子である仁之助や三左衛門が念仏を唱えてもすぐシケがきた。菊が唱えても同様な状態になった。

イセヅルは年忌法要に近辺からだけでなく、遠く旧郡山町花尾（現鹿児島市花尾町）や旧伊集院町麦生田（現日置市伊集院町麦生田）などからも呼ばれた。郡山町東俣では、イセヅルを「内の如さん」の講に呼ぶときは、荷馬車で送り迎えした。その地に着いたら信者が彼女を負ぶって御座の開かれる家まで連れていったという。

御座では、亡くなった霊が「極楽に、行っていますから安心してください」と告げるのが普通であった。しかし、信者に信仰心が足りないとみると「地獄に落ちていますよ」と、衝撃的なお告げを下した。そのときは、イセヅルは、死者への御供養がまだ不足していることを信者にこんこんと説き聞かせてやった。

(3) 三代目「ホトケバアサン」柳田ミカ

取次人の三代目は、旧郡山町東俣の柳田ミカ（通称ミサ）である。昭和四十六年（一九七一）十二月一日に七十歳で亡くなっている。二代目「ホトケバアサン」井手上イセヅルから、三代目は「川原崎《こうざき》」に生まれていると、告げられた人である。

ミカは、体がでっぷりと太り、人柄がよく、やさしい、まさに「取次人の母」と称されるような人物であった。いつも農作業に出かけるような質素な姿で、手拭いを被り、もんぺを着けて小さい袋を持って御座や年忌法要に出かけて行った。ミカの修行中、ある時、囲炉裏の灰の中からきのこ状のものがむくむくと現れ出てきたという。それから超能力がつき、新口寄せだけでなく古口寄せもできるようになった。これは、ミカの母、柳田ハル（昭和三十八年二月二十六日に九十一歳で死亡）の談である。

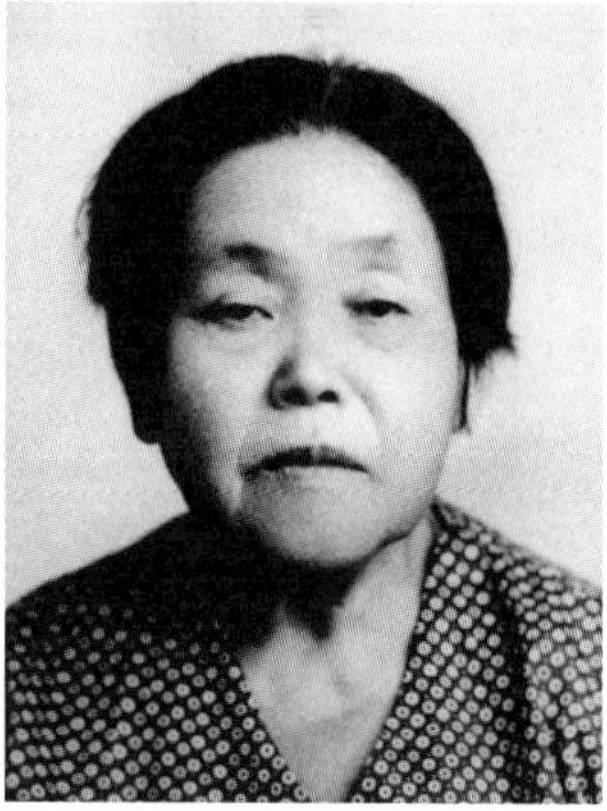

3代目「仏ばあさん」柳田ミカ
信者からの崇敬の念が厚かった。
（昭和46年12月1日 70歳で死亡）

「新口寄せ」というのは、人が亡くなって三日ないし七日、少なくとも三カ月以内に、あの世からの死霊の口を語ることである。いわゆる死後間もなく冥界通信をすることである。「古口寄せ」というのは、亡くなってから三カ月、あるいは百日以上たった死霊の口を語ることで、主に先祖霊の口を語ることが多い。ミカは朝夕「正信偈」を唱えていた。小さい頃から、地獄・極楽の絵が頭に浮かんできた。修行中は水だけで一週間ぐらい過ごすことがあったという。

ミカは、信者から「仏さんのお使い」とも噂され、崇敬され親しまれていた。美しい声の聴聞や説教に信者は魅了された。子供たちには「朝夕、手を合わせて南無阿弥陀仏を唱えなさい」とか「悪いことをすると鬼が出てくるよ」とやさしく説いてあげた。また、「正信偈」を常に唱えることを勧めた。信者たちには「家族は仲良くしなさい」「親戚や村の人とは仲良くし、お互いに助け合いなさい」「この世に生きていることに対して有り難うと言いなさい」「蜘蛛の一匹も殺してはいけない」などと話しかけ、教え諭していた。

ある時、女性の信者が子供を二歳で失って途方に暮れていた。ミカは「それは、悲しいことでしょうが、このことは《お積もり》だから仕方がないことです。何も心配することはないですよ」と教え、慰めてやったという。「お積もり」というのは、この人は何歳まで生きるといって、生まれる前に仏があらかじめ計画あるいは計算されていることをいう。そのミカの話を聞いて、衰弱していたその女性は心が軽くなり元気を取り戻していった。

このように、ミカは「内の如さん」の信者からはもちろん、村人からも母のように親しまれ、尊敬されていた。ミカの御聴聞の魅力について熱っぽく語ってくれた信者は多い。二代目「ホトケバアサン」井手上イセヅルと三代目「ホトケバアサン」柳田ミカは、特に、取次人だけでなく信者からも母として崇敬されている。

前述したように鹿児島市小山田町には、信者から、「内の如さん」の「隠れガン（隠れ神）」ではなく、「隠れていない神」、すなわち、この世に堂々と姿を表している神を信じているという理由で「ホトケバアサン」とは呼ばれていない取次人の榎木田スミエがいる。彼女は、御聴聞で霊が降りてくる時、御詠歌をうたうことがある。それは、榎木田のところを訪れた信者が誠実で信心深い人であった場合、井手上イセヅルと柳田ミカが非常に喜び、その信者のためにうたうのだという。また、井手上イセヅルと柳田ミカの御聴聞を受けたとき、お告げを語る調子は歌のようで、信者の心に染み渡り、うっとりと酔いしれるように聞いていたものだと伝えられている。語られる念仏の教えは、今でも信者の心に残り、語りぐさとなっている。

⑷　四代目「ホトケバアサン」

取次人の四代目は、鹿児島市小山田栗之迫の米倉エイである。「井手上家過去帳」によると「米倉エイ　昭和五十八年八月（寂＝筆者註）四代お取次の母」と記されている。エイは、「内の如さん」信仰圏である旧郡山町川田から嫁にきている。そのため、地元小山田だけでなく、川田で講会の御座があるときは、よく呼ばれた。また川田からエイの所にも訪れ、御聴聞を聞いたりしていた信者もいた。御聴聞が上手で、まるで歌が流れるようであった。そのため、信者を魅了して離さなかったという。

(5)　五代目「ホトケバアサン」

取次人の五代目は、鹿児島市皆与志町の福永ユキである。今のところ「内の如さん」最後の取次人である。ユキは、信者の信頼を集め、御聴聞がうまく、米倉エイとは異なる調子の歌で、魅力があったという。

ユキは、大きな声で拝み、御聴聞を聞く。その時は、「向こうからお告げがあった」と言っていた。「引っかかっている」とか「道が開けない」という場合もある。その時は、亡くなった人が、まだ極楽に行けないで迷っている時である。その際、気を落としている信者に「四十九日に御供養を上げたら、きっと極楽に行けるよ」と言って慰めてやった。

ユキの母は、小山田町稲村の菊水シゲマツで、系列には属していなかったが、「ホトケバアサン」と称されており、崇敬を集めていた。

ユキは、次の取次人として自分の娘を選んだが、今のところ、その娘には取次人となる意思はない。しかし、信者たちは、その新しい「ホトケバアサン」の登場を心待ちしている。

(6) 系列化されていない「ホトケバアサン」たち

この地域には、他にも多くの「ホトケバアサン」たちがいた。信者たちは、日頃の葬式や年忌供養などで、「ホトケバアサン」を身近に必要としていたのである。その中でよく知られた人を紹介しよう。

(ア) 稲盛ノブ

ノブは、鹿児島市小山田町中の甲に住んでいた。大正五年(一九一六)生まれで、霊力が強く人々から慕われていたが、惜しくも二十八歳の若さで亡くなった。そのため、信者たちにはあまり知られていない。

(イ) 菊水シゲマツ

前記したように、五代目「ホトケバアサン」福永ユキの母である。四代目「ホトケバアサン」米倉エイと同じ世代の人である。体は小さいが、よく御聴聞が降り、信者たちからは頼りにされていた。御聴聞が降りる時、「浄土の様子や亡くなった人々の姿が浮かんでくる。極楽の笛や太鼓の音が聞こえる。有り難い」とよく語っていた。御聴聞では「地獄に落ちている」と言うこともあったが、すかさず、「地獄に落ちていても〈南無阿弥陀仏〉を一心に唱えて御供養をすれば救われる」と慰め、励ましていた。そして「四十九日には三部経（浄土真宗では無量寿経・観無量寿経・阿弥陀経）を唱えて上げなさい」と言っていた。

シゲマツは、非常に気さくな人で、信者に頼まれれば、いつでも御聴聞を降ろして聞かせていてくれた。信者たちは自分の家の葬式直後、シゲマツの家に、御聴聞を聞きに行った。使い人は、夜の道を誰にも会わないようにして、無言で、蠟燭《ろうそく》やカンテラを灯して急いで行った。葬式の直後に「ホトケバアサン」の家に行くものだという信者は多い。さらに、シゲマツは呼ばれたらすぐ、嫌な顔を見せず、信者の家に出向いて御聴聞を聞かせてくれた。もちろん、信者たちは浄土真宗寺の僧侶には極秘にして呼んだ。

(ウ)　榎木田スミエ

前にも述べたが、スミエは「ホトケバアサン」とは呼ばれていない。鹿児島市小山田町蒲ヶ原に住んでおり、昭和七年（一九三二）十一月十日生まれで、今も現役で人々の信頼と尊敬を集めている。「内の如さん」の信者だけでなく、東俣や川田、小山田他、鹿児島市の他の地域からも信者がやってくる。「内の如さん」の取次人の六代目が現れていない今、スミエの存在意義は大きい。ただし、四代目取次人の米倉エイが存命中は、「内の如さん」の守護神は「かくれがん（隠れ神）」であり、スミエの守護神は、隠れていない神であるという理由で、御座にはあまり呼ばれなかった。

スミエは、公然とこの世に姿を現している神が降臨してくれる、という。現在、御嶽教管長大教主曽宮康之から分霊授与証を貰い、御嶽大神を神として崇めている。スミエにシケがきて、「お知らせ」があったのは、昭和五十六年（一九八一）十月二十五日で、四十九歳の時であった。死んだ人々の霊が突然、スミエに憑依してきた。その時は、意識朦朧となり、人に会おうとする気が起こらなかった。家の玄関に鍵をかけ、朝三回仏壇に向かって南無阿弥陀仏を唱えた。昼にはおてんとう（御天道）様を向いて南無阿弥陀仏を口ずさんだ。そして、昼から三回仏壇に向かって三回、阿弥陀仏を唱えた。合計七回、念仏を唱誦したのである。それが何日か続き、やっと死霊や先祖霊の知らせを受ける力がついた。

もっとも、それ以前から、シャーマンとしての資質があり、生母から「この子は神の子に生まれている」と言われていた。スミエは二十歳のとき榎木田家に嫁にきたが、その頃からよく白い影を見るようになった。近くの諏訪神社で拝んでいると、突然金縛りに遭ったりした。スミエは召命型のシャーマンということになる。

前に紹介したが、心の澄んだ信仰深い信者が訪ねてくると御詠歌をうたった。それは、二代目「ホトケバアサン」井手上イセヅルと三代目「ホトケバアサン」柳田ミカの霊が喜んで降りてくるからだという。

ある時、信者が訪ねてきて「父が数カ月前、癌で亡くなりました。御座を立ててください」と願った。スミエは、全身全霊で拝み、その父の霊を降ろした。御聴聞を聞き「何も迷うことはないよ。まっすぐ道を進んで行きなさい」とそのお父さんの新口を語った。信者はまるで父の声だったと涙ながらに感動し、心の安らぎを得ていたという。

ある年に、日本民俗宗教学会の研究者たちが筆者を訪ねて来たので、柳田スミエの家に案内した。玄関先で、座敷に上がっても良いでしょうかと挨拶がてらに言った。中の方から「心のきれいな人だったら上がって良いですよ」との返事。一時して「皆さんは、心が澄んでおられるようですね。どうぞお上がりください」と言って、中に通された。座敷に上がり、研究者の一人が御聴聞を依頼した。スミエは快く引き受け、亡くなった身内の霊を降ろしてくれた。後で、その研究者が、「本当に生きていた時の身内の声だった」と語ってくれた。ある程度予想はしていたが研究者でも、御聴聞の不思議と有り難さを信じるものだと筆者は驚いた。

※　　※

以上、「ホトケバアサン」について触れてきたが、それぞれが、修行型というより召命型に近いシャーマンであることが分かる。その点では、南島のシャーマンであるユタと共通するところがある。

3 「内の如さん」の表層をなす「隠れ念仏」講

① 小山田の仏飯講

鹿児島市小山田町での聞き書きによると、小山田の名越には、浄土真宗系の「隠れ念仏」である仏飯講が「内の如さん」の表層をなしていたと思われる。

仏飯講の法難（隠れ念仏を広める者に対する迫害）の歴史を見てみよう。佐々木教正『血は輝く』には、田口権四郎という仏飯講の番役が、慶応二、三年（一九六六、六七）の頃の法難で役人から拷問を受け、投獄されたという話が載っている。この話をしたのは上原新左衛門（昭和十三年に八十六歳で死亡）で、七十五歳のとき語ったことになっている。話の内容は、番役である田口権四郎が役所から呼び出しを受け、仏飯講の本尊である阿弥陀如来像を出すように言われた。権四郎はそれを信者の家に隠し法難を切り抜けた。次に役所からまた、本尊を出すようにとの命があった。そのとき、講員の稲森長一と高木善次郎が、権四郎の行方は分かりません。御本尊だけは捨ててあったので拾ってまいりました。と言って差し出した。しかし、どうしても番役を差し出せと言ってきた。どうしようもなくなった番役、田口権四郎は、自ら役所に名乗り出た。その際、臀部に傷跡を残すほどの拷問にあった。後に、牢屋に入れられ、釈放されたのは明治九年（一八七六）九月の開教前であったという。

仏飯講の団結力と結束がいかに強固であったか分かるのであるが、その伝統は、新左衛門の頃の仏飯講にも引き継がれていた。新左衛門は、信仰心が厚く、篤実で、番役として敬われていた。

② 内場煙草講

鹿児島市皆与志町塚谷で、「内の如さん」の表層に出て信仰されていたのは浄土真宗系隠れ念仏である内場煙草講である。現在でも浄土真宗講として信仰され、その伝統は受け継がれている。

この講は、昔は始良郡蒲生町の寺師、霧島市隼人町小浜・鹿児島市皆与志町春山、同塚谷を巡回していた。

塚谷にも熱心な隠れ念仏徒がいた。

中間吉太郎の親、倉助は、明治四年の頃に法難に遭って、家を釘付けにされ、馬小屋の土間に筵《むしろ》を敷いて、そこで寝起きしたと伝えられている。彼は「ボッケ倉」（大胆者である倉助の意味）というあだ名まであり、大胆もので仏法のために骨を折った。また、塚谷の稲村喜次郎の祖父は篤信の人であったが、「隠れ念仏」が発覚し役人に引き出された。その時は、瘧《おこり》（隔日または毎日一定の時間に発熱する病で、多くはマラリアを指す）の病で床についていたが、役人の縄は容赦なくかけられた。歩くのが遅かったため役人は松明を尻に当てて追い立てた。幾度かの責めが加えられて遠島に処せられた。その後、幸いに許されて帰郷したが間もなくして亡くなった（『血は輝く』）。

内場煙草講には平成十三年（二〇〇一）まで記された『煙草講功労者過去帳』が残されている。明治二十三年（一八九〇）以降を見ると、加治木西別府（現始良市）、加治木小山田重富村春花（同）、伊敷村飯山（現鹿児島市）、吉野村岡之原（同）、伊敷村上伊敷（同）、伊敷村皆房（同）、吉野村川上（同）、山田村大山（現始良市）、山田村上名（同）、山田村下名（同）、帖佐村寺師（同）、帖佐村豊留（同）、隼人町小浜（現霧島市）、川上町（現鹿児島市）、などの住所が分かる。これらを見ると、皆与志町以外に鹿児島市吉野町・川上町・霧島市隼人町、始良市加治木町・重富町・帖佐町・山田町など広い範囲をまわっていた真宗講であることが実証される。

③　川田の仏飯講

旧郡山町川田（現鹿児島市川田町）も藩政時代は仏飯講という「隠れ念仏」が「内の如さん」の表層をなしていた。開教後は浄土真宗講として信仰されていた。入佐（同上谷口町）に入佐七左衛門という仏飯講の番役がいた。身は小柄で、世を忍ぶために、いつも汚れ果てていた。彼の心には常に如来の光が輝いていた。七十歳の頃になってご本尊を風呂敷に包み、背中に結んで昼は洞穴や深山に潜んでいた。夜になると岡之原（現鹿児島市）、比志島（同）、東俣（旧郡山町　現鹿児島市）、川田（同）などの信者のいる地をまわって熱心に法を説いた。川田の西家の近くには、現在でも隠れ念仏洞が残されているが、そこに七左衛門がいつの間にかやって来て隠れていたという（『血は輝く』）。

現在まで「隠れ」「隠し」ながら信仰されている「内の如さん」の表層には、藩政時代から明治九年に信教の自由が公認されるまで、弾圧にさらされるため隠れていて、それ以後は表面に出て信仰されていた浄土真宗講である仏飯講や内場煙草講が存在していたことになる。

4　三業安心派との関係

読者から、この「内の如さん」は、三業安心派の一つではないかという質問をいただく。それでは三業安心派と較べてみよう。

「内の如さん」地帯と隣接する、鹿児島市東俣町の永山、花尾町の丸山、吉田町都坂などに三業安心派の隠れ念仏がある。「内の如さん」地帯とは、信仰の世界を画している。もちろん、東俣や川田から隣接する集落に嫁に行ったりした場合は、嫁自身が「内の如さん」の信者であり続けることが多い。それでは、この地帯の三業安心派の様子を見ていって「内の如さん」との違いについて考えてみよう。

(1) 西煙草講と大魯

「内の如さん」地帯に接している東俣町の永山、花尾町の丸山、吉田町の本名、内ノ原、都迫、上之園、早馬、上河内を巡回し、信仰されている西煙草講が、昭和二十五年(一九五〇)頃まで続いていた。座本を移動するときは、門徒は仏檀を背負い、仏具などはイネサシ〈イネボ〈担い棒〉ともいい、担い差しの転訛〉で担って運んだ。講の御座では、番役の読経と説教、南無阿弥陀仏の称名念仏があった。その時、よく「昔の偉い坊さん、西山さん」の名前が出てきた。読経や説教の後は、直会《なおらい》に入り、講員が持ち寄ってきた煮染めの重箱が広げられた。煮染めには、大根、里芋、人参、昆布、揚げ豆腐などが入っていた。座本からはソーメンが出される。広げられた各重箱から、講員たちは、好きな物を選び取り、相互に交換しながら、楽しい語らいの時を過ごし、信仰の仲間意識を強くした。座には、春秋の彼岸会、春の永代経読経、秋から冬にかけての報恩講があった。

この西煙草講の仏檀や仏具などは、昭和二十五年（一九五〇）頃、花尾町丸山の丸山大作氏の所で巡回が止まった。丸山大作の父が大安、祖父が矢左衛門で、いずれも講の番役をしていた。丸山集落の人々は、隠れ念仏禁制の時代は、花尾の隠れ念仏洞によく行っていたという。花尾まで行けない人は、丸山の「スンガマ（炭窯）」で秘かに南無阿弥陀仏を唱えた。花尾の隠れ念仏洞では、風雨が激しく役人が来ないと思われる日には、本尊を近くの石谷彦左衛門の家に運び入れて御座を開いた。

この講では、ガリ版刷りの『西山師一代記』が廻し読みされた。今でも講員はこの本を大切に守り、読誦して信仰の礎にしている。この本は、天保七年（一八三六）十月十二日で筆がおさめられているが著者は東喜一郎である。最後のページに「昭和十年九月二十四日　彼岸ノ中日　西山師死後百年目　吉田村本名　東喜一郎識」と記されている。この本は明治三十八年（一九〇五）三月に「本願寺法義惑乱始末扣」や「宗意安心騒動発端記」など十四冊を引用して著されたものである。これを蔵していたのは旧日置郡郡山町厚地の西煙草講講頭、石谷八太郎である。花尾で明治二年の法難時に多くの信者が逮捕されたときの番役が石谷彦左衛門であるが、何らかの関係があるのであろうか。

西山師というのは、西本願寺教学史上最大の事件が三業惑乱事件であるが、この事件で、脱衣、追放の刑に処せられた四人のうちの一人、大魯のことである。大魯は、文化十一年（一八一四）に逃れて肥後に入った。しかし、幕吏の探知するところとなり、肥後を去り、天保元年（一八三〇）に鹿児島入りした。薩摩国給黎《きいれ》郡知覧郷（現南九州市知覧町）の折田権左衛門が、真宗禁制下の地、薩摩へ下向することを懇請した。大魯は、鹿児島城下で隠れ念仏「細布講《ほそぶこう》」を結成し、自らその講頭となった。しかし、危険が迫り、日置郡永吉郷（現日置市吹上町永吉）に移り、煙草講を結成した。ここでも多くの信者を得、遠方からも大魯を慕って人々が集まってきた。地元永吉の人々は西山様あるいは岡様と称している。伊作・阿多・勝目方面では御隠居様と呼ばれた。し

西山先生大魯和尚の墓（鹿児島市東俣町永山）

昭和４年建立　講頭　河野新之助
浄土真宗出雲寺派の３代目番役である。

西山先生
大魯和尚の
墓内部
光専寺
日置市永吉町

かし、天保七年（一八三六）十月十二日に、惜しまれながら当地において六十八年の生涯を閉じた。墓は、密かに人目を避けて中園門仁太の屋敷内の藪かげに作られた。忌日には氏神祭りと称して法事が行われた。解禁後、明治二十二年（一八八九）十月、現在の日置市吹上町永吉の光専寺境内に改葬。その後、弓削新兵衛・平原一助などが発起して墓石が建てられた。それには「西山院釈大道」と記されているが、信者たちが大魯の徳を慕って追号したのであろう。現在も、近郷はもちろん、熊本県や南薩地方、屋久島など遠方から「西山様のお参り」と言って、訪れる信者の数が多く、香花が絶えない。

(2) 誓鎧《せいがい》の活躍

大魯と共に行動して布教して回ったのが誓鎧《せいがい》である。誓鎧は、大魯亡き後、同永吉坊野の小川《おがわ》路《じ》家にかくまわれながら布教を続けた。同家には大魯と誓鎧が布教のために持ち歩いた「阿弥陀如来像（絹本着色方便法身尊像）」が残されている【註1】。誓鎧の墓【註2】は坊野下小川路の道ばたに「白豪院誓鎧墓道」の標識があるが、その上の小高い所に墓地がある。銘は次のようになっている。

（向かって右側面）　嘉永七キノトラ（甲寅＝筆者）年七月十二日
（正　面）　法印大和位百院誓鎧
（向かって左側面）　行年五十九歳

誓鎧は嘉永七年（一八五四）七月十二日に五十九歳で亡くなっているが、大魯亡き後、十八年間、その意思を継いで浄土真宗の教えを説いて回ったことになる。京都清水寺の参道のほとりに「白豪院誓鎧妻菊の墓」があるという【註3】。

前に紹介した阿弥陀如来像の裏には、次のように記されている。

本願寺寂如　花押
貞享四季丁卯五月三日
順正寺門弟肥後国玉名郡永方
村信定寺物

願主恵雲

方便法身尊形

信定寺《しんじょうじ》は、現在熊本県玉名郡長州町大字永福にある浄土真宗西本願寺派の寺である。『西山師一代記』によれば「嘗テ永方信定寺ヨリ上京セント熱望ヲ抱キ…（略）……」とある。大魯は、親鸞聖人の御真影を拝礼したい、御茶毘所《だびしょ》へ参りたい、北院に今生のお別れを言いたいということで、上京することを熱望した。しかし、肥後の有志が身の危険を感じてしきりに諫めた。この阿弥陀如来像の裏書きによると、大魯は、その信定寺から阿弥陀如来像をいただいてきていることが分かる。この如来像は、貞享四年（一六八七）五月三日に、本願寺十四世宗主寂如から信定寺がいただいたものである。

さて誓鎧の行動は、今ひとつ不明なところがある。誓鎧は能化智洞の出色《しゅっしょく》の四人の遺弟の一人正運の門弟であった。大魯も四人の中の一人である。誓鎧は、もともと薩摩の武士で常に正運の身辺を守り、正運の死後は天台宗に転じたという。坊野に誓鎧の墓があることは桃園恵真も触れているが【註4】、同一人物であるか疑わしいと述べている。ただ、大魯の側近に誓鎧なる人物がいたことは事実らしいと推測している。しかし、『西山師一代記』によれば、正運の門弟であった誓鎧の院号が「白豪院」であるので、筆者は同一人物であると考える。

この阿弥陀如来像は大魯が持っていたものであり、それが何らかの理由で誓鎧の手に渡ったものであることが推定される。この如来像の存在と坊野の伝承から大魯と誓鎧は行動を共にしていたことが推しはかれる。坊野の人々は、今でも「セカイサア（誓鎧様）セカイサア」と崇敬の意をこめて呼び、その偉大さを説いてくれる。「セカイサア」に守られているから現在の幸せがあるのだという。

誓鎧は、嘉永七年（一八五四）に五十九歳で亡くなっている。単純に計算すれば、大魯が天保七年（一八三六）に六十八歳で亡くなった時、誓鎧は四十一歳ということになる。年の差二十七歳である。大魯が高齢で布教活動に支障を来した頃でも誓鎧は四十一歳の働き盛りだった。誓鎧は大魯の弟子ではなかったのではないかという疑問が筆者に寄せられたりする。しかし、この阿弥陀如来像が、大魯が亡くなった永吉から僅か数キロの坊野の小川路家に誓鎧が有していたものとして保存されていたということは重要なことである。少なくとも坊野で亡くなった誓鎧は、かつて正運の門弟でもあったが、その後、実質上、大魯の高弟のようにして布教活動をしていたということを裏付けるものではなかろうか。

(3)「西山どん(大魯)」の墓

大魯の墓は永吉の光専寺にあることは前述したが、その分骨を埋葬した墓は、西煙草講の巡回地の一つ、鹿児島市東俣町永山の集落を見下ろすようにして小高い岡に建っている。現在の墓碑は、昭和四年(一九二九)十月に建てられたものである。土地の人はそれを「西山ドン(殿)」とか「西山さん(様)」と親しみをこめて呼んでいる。

この墓碑には次のように記されている。

文化ノ法義《ほうぎ》惑乱《わくらん》ハ遂ニ幕吏《ばくり》ノ裁ク所トナリ故ナク正義ニ興スル僧俗多クヲ罪ヲ以テ処ス　師亦其一ニシテ脱衣《だつい》軽追放《けいついほう》ノ身トナル

文化十一年九州ニ入リ肥後ヲ経テ薩摩ニ来リ永吉ニ隠居ス　而《しか》シテ各郷ニ遊化《ゆけ》シテ法澤《ほうたく》一州ヲ湿スニ至ル悲哉天保七年十月十二日化縁《けえん》ツキテ眠ルガ如ク往生ス　無数ノ信徒別レヲ惜ミテ號泣セサルハナカリキ永山ノ講頭坂元仲次郎永ク恩ヲ忘レサランガタメ　其分骨ヲ携ヘ還リ之

ヲ浄地ヲ撰《えら》ミ葬ル即チ此所ナリ
流レヲ汲ム徒ラ絶ヘス　歩ミ運ビ徳ヲ仰ヒテ　益々信ヲ深クス　此ニ同信ノ有志相謀リテ塔碑
ヲ建テ、紀念トス云爾《しかいう》
橘大安（仮名は著者）
昭和四年十月建立
橘大安師分骨埋葬
橘大安
講頭　河野信之助　田中藤蔵
前　山本市之進　田知行栄之助　丸山喜之助
役頭　安部松喜次郎　坂元俊行　丸山藤市　丸山矢左エ門
加治木磁右エ門岩水直右エ門　江川栄熊　加治木伝吉　山本喜之助　武田休左エ門
大宮司新五郎　大角八蔵　神脇喜右エ門　神脇喜之助　石田矢左エ門　右田新之助
川畑小右エ門　斜木仲左エ門
石工　坂元喜代二　外
門頭中
墓地外二歩寄付者　田知行才二　安部松助太郎　田知行甚之蒸　田知行四郎左エ門
この碑文によると永山の講頭坂元仲次郎が、永吉に眠る大魯の分骨を携えてこの地に葬ったとある。また、「流レヲ汲ム徒ラ絶ヘス」とあるが、このことは西煙草講も、大魯が永吉で結成した煙草講の流れを汲んだものであることを示している。そして、その講頭は永山仲次郎であったことが分かる。

台座に刻まれている講頭や前（講頭か）の氏名は、後に述べる浄土真宗出雲路派と西煙草講の番役であった人たちである。この墓を建てる主導者は橘大安で分骨をしたのであろう。なお、大安は昭和八年（一九三三）九月二十日に亡くなっている。

永山集落は東俣の一部の地域にあるが、「内の如さん」地帯とは境を接している。人々は、鹿児島から流れてきた郷士集団で、その後農民になったのだという、郷士としての誇りを持っている。永山在住の田智行哲彦氏（昭和六年四月二十日生）は、青年団時代に、先輩から浄土真宗について教えてもらうときは「頼めば救われる」と習ったものだと言う。現在の浄土真宗西本願寺東俣出張所では「頼まなくても救われる」と教えられるので戸惑うという。永山の青年団は、昭和三十年代までは、正月十四日から十五日間、「お稽古」と称して、夜に厳しい読経の練習が催され、正信偈を徹底的に覚え込まされた。

坂元仲次郎は、法難にあって花尾嶽に隠れていたが、その後捕まって鹿児島城下の涙橋で処刑されたと言い伝えられている。しかし、殺されたのは仲次郎の父だったという説もある。また、追っ手を恐れて逃げ回るうちに亡くなったとも言われている。近くの墓地にある墓（高さ五〇センチ幅二三センチ奥行二一センチ）の碑銘を見ると「卯五月十二日」とだけ記されている。天保七年（一八三六）

に大魯亡き後の卯の年というのは、天保十四年（一八四三）、安政二年（一八五五）、慶応三年（一八六七）、明治十二年（一八七九）である。仲次郎が、隠れ念仏禁制により処刑されたとすれば慶応三年以前である。なお仲次郎の墓の正面には戒名を彫った形跡がない。もともと禁制時代に、浄土真宗の戒名につける「釈」を彫り入れたりするとその咎は一族郎党に及んだからであろう。仲次郎の墓は、もとは西山どんの側にあった。

この西山どんの墓には、昭和二十五年（一九五〇）頃までは、西煙草講の人たちがお参りに来ていた。また、永山集落では、六月灯を行って西山どんを崇敬し、慰めていた。

いずれにしても、三業安心派の大魯の教線は、鹿児島城下どころか日置郡の郡山や鹿児島郡の吉田まで広がりを見せていたことが分かる。

(4) 浄土真宗出雲路派

この煙草講は、昭和二十五年頃まで続いていたのであるが、大正三年（一九一四）一月、丸山に設立された浄土真宗出雲路派の講と併行して御座が開かれていた。というよりも大魯派である西煙草講の帰属寺あるいは帰属説教所としての役割を担っていたのであろう。丸山に建っている石碑「安置所記念碑」には、「大正三年一月真宗出雲路派入門　吉田丸山地ニテ番役」と記され、一代から六代までの番役氏名が刻まれている。その下の段に、初代から七代までの番役の氏名があるが、これが西煙草講の番役名だと思われる。

石碑の前面は、「福井県武生市清水頭町真宗出雲路派豪摂寺　安置所祈念碑　昭和二十九年四月八日設立」となっている。出雲路派は、福井県武生市清水頭（現越前市）にあった豪摂寺が本山である。現在の末寺数は六七。開祖は親鸞聖人で、鹿児島に出雲路派の寺があった。吉田丸山の出雲路派入門の門徒たちは、鹿児島の寺から僧侶を呼んで講会を開いた。しかし、その後、「安置所記念碑」の側に建っている石碑によると、昭和二十八年（一九五三）四月八日の釈迦の御誕生法会をもって鹿児島の浄土真宗西本願寺へ門徒衆は移行した。そのため、出雲路派説教所および講は閉鎖したことが分かる。この石碑は「先輩善知識各位ノ永代供要《(ママ)》ニ供スタメ」昭和二十八年九月吉日に当地に建てられたものである。

(5)「内の如さん」からの指令「隠れ念仏研究者桃園には〈何も話すな！〉」

再び誓鎧の話に戻ろう。前述したように彼の足跡は、今まで明らかにされていない。隠れ念仏の勝れた研究者である鹿児島大学教授であった桃園恵真が、鹿児島市小山田町の真宗講について調査に入った時、末尾に「誓鎧」の自書と思われる文書を発見した【註5】。この文書は現在、行方不明となっており、見ることができないのが残念である。もしこれが史実だとしたら、誓鎧が小山田で布教していたということになる。それは、三業安心派の教えが、小山田の伝統的な隠れ念仏である仏飯講に何らかの影響を与えたことを示すものである。仏飯講は明治九年（一八七六）の信教の自由が公認された後は、比較的に自由に信仰されていた。したがって、桃園が目にしたのは仏飯講の文書であった。

隠れ念仏研究の権威である桃園が小山田にやって来るという知らせは、「内の如さん」の信者たちに激震が走った。大変な恐怖であったのである。桃園が、「内の如さん」の存在に気づいたのかどうか分からない。恐らく気づいていなかったのではないかと筆者は思う。しかし、講の役員は信者たちに「桃園には何も話すな！」という緘口令《かんこうれい》を出した。信者たちは、この指令を忠実に守った。お陰で「内の如さん」の存在が桃園に知られずにすんだ。桃園に、入り込む一寸の隙も与えなかったのである。「内の如さん」の信者たちが恐れたのは、桃園の研究で「内の如さん」が公表されることであった。極秘に保たれてきた「ホトケバアサン」の呪術力が失われることにつながる。供養としての、あの世との交信ができなくなることは、信仰の根幹を失うにも等しいものであった。

さて、「内の如さん」に近接する大魯派は、第一に、解禁後は表面に出て信仰されていること。それに対して、「内の如さん」は今でも「隠れて」ないし「隠して」信仰されていること。第二に、「内の如さん」とは異なり、「ホトケバアサン」と呼ばれるシャーマンを中心とした隠れ念仏ではないこと。第三に、後に述べるような「内の如さん」として特色ある厳しい入信儀礼がないこと、などが異なっていることに気づいてもらえるだろうか。

【註】

1　明治三十三年（一九〇〇）頃、日置市吹上町永吉坊野に設立された小川路寺の本尊として保存された。昭和三十五年（一九六〇）頃の廃寺の後、大魯和尚の墓がある光専寺に移された。小川路寺廃寺に関する最後の役員会で坊野嘉市が「このご本尊は岡さあ（大魯和尚）から下された由緒あるものと聞く。故に焼却など粗末な扱いがないように」との進言があった（大迫明『郷土誌　ふるさと坊野の歴史』二〇〇六年）。

2　この石標の側面に「昭和四年三月十日熊本多田澄円建」と記されている。

3　坊野栄熊『小川路の地に没した傑僧誓鎧和尚にまつわる物語』（著作年代不明）

4　桃園恵真「南九州における能化派」（一一九八）

5　桃園恵真　一九八一年

5　三業安心派との関係（続き）

三業安心派との関係については、もう少し時間をいただきたい。

最近、坊津歴史資料センター主任橋口恒氏により注目すべき一向宗関係史料の報告が行われた。まだ研究は続行中である。南日本新聞でも大きく取り上げられ、話題を呼んだ。それは、鹿児島県南さつま市加世田武田内布の薩摩藩政時代内山門に属していた内山家に伝わった近世の一向宗関係史料を調査し、三業惑乱の末期の様子や、一向宗禁制当時の薩摩門徒への情報伝達の実態などをうかがわせる史料の報告である。

内容は、①廻章と、②三業惑乱関係書状写しからなる。橋口氏の報告によると、「廻章」の冒頭には、「今般御本山表、一左右相聞へ候ニ付、諸御講中江別紙掛御目度、御覧之上者、諸講中江被成巡達下度候……」と記されているという。これは、今般、御本山表では、一つを左右するよう情報が聞こえてきているので、諸所の御講中へ、別紙をお目にかけ、御覧になった上は、諸御講中へ巡達をなされてくださいますように、との内容である。

この廻章を記したのは、「全水」という人で、『薩摩国書記』によると天保期の薩摩藩による門徒への大弾圧について天保十四年（一八四三）に本願寺へ報告した「斉藤全水」なる人物のことである。日付は十二月十日となっている。橋口氏の考察によれば、本願寺能化職「智洞」が江戸で獄死した文化二年（一八〇五）十二月十日ということである。回覧を終えたら「若御面倒ニ候ハハ、火中ニ投し可給候」とある。この文書を発見し、考察を加えた橋口氏の功績は非常に大きいと思われる。

加世田といえば、一向宗門徒たちが立ち上がって起こした幕末の「加世田一揆」で知られているところである。薩摩藩では百姓一揆がほとんどなかったとされているが、この一揆の実態は、一向宗弾圧に名を借りた百姓と下級郷士による一揆である。これは、智洞が江戸で獄死した文化二年（一八〇五）より五十三年後の安政五年（一八五八）十一月のことで、薩摩藩が厳しく一向宗弾圧を行った天保年間後、すなわち、幕末頃のことである。この加世田一揆は、かねて宗門係が一向宗門徒を取り締まる厳しさに加えて、麓役人の在村郷士に対する高圧的態度に憤慨したのが原因である。内山田横平の郷士尾辻喜太郎が檄を飛ばして、一向宗の門徒たちを小松原蔵元に集めた。彼らは同月二十日にいたる三日間、集まり、麓役人の非違を藩庁に訴えようというものであった。下級郷士は刀剣や竹槍を、農民は鉈《なた》や鎌を構え、一気に麓役人を襲撃しようという不穏な動きがあった。その後、各種の混乱を重ねて、日新寺の僧方丈某の仲裁によって解決した。首謀者たちは投獄された（『加世田市史』下巻　一九八六）。

また、幕末の頃、川邊郡加世田村字宮原の裕福な郷士である池田六郎兵衛が、片足が不自由であったために、京都の本山から伊勢の大廟に行って祈願した。その際、秘かに御本尊をいただき、人知れず拝んでいた。このことが露見して加世田の地頭仮屋に呼び出された。藩から来ている宗門奉行の取り調べを受けたが白状を拒んだ。牢獄の中には三業安心派大魯の弟子、日置郡丸山の丸山城右衛門という者がいて、日夜引き出されて血みどろになるまで責められ、ついに殺されてしまった。六郎兵衛は、責め苦のあげく病魔に襲われ苦悶の後、獄屋の中で、念仏しながら息を引きとったという（佐々木教正　一九二五）。

このように、加世田郷は藩政時代末に一向宗門徒弾圧の激しい所で、日置島津領（現日置市日吉町日置）に逃げ込んだりした一族もいるぐらいである。

しかし、江戸時代中期の頃は大きな弾圧はなかったようで記録もあまり残されていない。廻章が回された頃の南薩地方も同様である。橋口氏が発見した廻章などの古文書は、武田の内山家から発見されたという。麓郷士が多く、弾圧の最も厳しい地域ではあったが、早くから一向宗門徒が極秘のうちに活動していたことが廻章から推測される。

ただ、筆者は、斉藤全水なる人物については以前から注目していた。海江田義広氏には『山岳修験』第二九号で、修験道から隠れ念仏を追求した、拙著『ダンナドン信仰』の書評をしていただいた。その中で「斉藤氏はもともと武士であったが出家し坊津一条院に入っている、一条院は薩摩切っての真言宗の名刹である。真言僧が一向宗を助け、指導しているのである」と述べている。そして、三業安心派の大魯が創設した「細布講」がシャマニスティックな面を有していることを指摘している。筆者は、シャマニスティックな面が一向宗に浸透していたのは、大魯以後からだろうかという疑問をかねてから抱いている。シャーマンの活躍があったから一向宗は布教しやすかったのではないか。

さて、真言僧や修験者が隠れ念仏を指導したら、どういう性格の念仏になっていくかについては、拙著『ダンナドン信仰』だけでなく『霧島山麓の隠れ念仏と修験』でも拙い説を述べさせていただいた。三業安心派が薩摩に影響を与える以前の、古くからの異安心派の流れが潜在、伏流していることを示した。

真言僧であった全水が、極秘に三業惑乱事件についての「廻章」を記し、回覧させたということは、三業派がすでに南薩に影響を及ぼしていたことが分かる。さらに、シャーマンを主とし、真言僧や修験者が指導する隠れ念仏が、南薩一帯にも存在していたのではないかという疑問が生じるのである。

一向宗禁制下の薩摩藩に本願寺使僧として派遣された重誓寺探元の『薩摩使僧日記』(『日本庶民生活資料集成』(第十八巻　所収)に安政三年(一八五六)の「窺書控　重誓寺」が掲載されている。その「奉窺口上ノ覚」には、三業安心派は「薩摩の全講の四分の一」の勢力を有している本願寺に報告したことが記されている。

探元は、信心獲得の時にはさまざまな奇瑞があらわれるといった信仰が流布していたことを本願寺に報告している。これも三業安心派の大魯の影響であるというのである(星野元貞　一九八六)。果たして大魯の影響だけだろうか。

三業安心派が急速に布教されたことは、これまでの先学の教示によってよく理解できる。ただ、筆者は、本願寺の正当派と異なる異安心や秘事法門が、早くから「隠れ念仏」の根底に流れていなかったか、ということを問題としたいのである。桃園恵真は、霧島山麓の「カヤカベ教」には、異安心や秘事法門の流れがあるのではないかと推察している(桃園恵真　一九八〇)。筆者は、これまで民俗調査を重ねて、今でも隠れている「隠れ念仏」に接する機会を持ってきた。それは、南九州に多く存在してきたシャーマンを中心とする性格のものが多いのである。そういう素地のもとに斉藤全水など真言宗や修験者が指導にあたれば、それは、当然、異安心となり秘事法門となっていく可能性が強い。彼らは、山岳で修行し、守護神を獲得して、呪術を執行したり、妻や児童に託宣をさせるのである。すなわち、神仏霊のお告げをする。橋口氏が発見した全水書の一向宗史料も、そのような南九州で活躍する巫女や「ホトケバアサン」などのシャーマンを素地とする、人魯以前の異安心派の流れが既に存在していたのではないかという民俗学的視点からの探求が迫られる。

これから、橋口氏は文献史学の立場から、また古石塔研究も加味して、その真相に迫っていかれると思うし、その発展を期待したい。

6 「ウチノニョウサン（内の如様）」の組織と御座

(1) 信仰地帯の分布と御座

「内の如さん」信仰地帯の分布については前述したが、念のためにもう一回記しておきたい。鹿児島市小山田町と皆与志町、現在は鹿児島市であるが、旧郡山町の東俣と川田である。小山田町は名越・田中薗・小山田上・小山田下・栗ノ迫に組織が分かれる。それぞれの地区から世話役が三名ぐらいずつ選ばれる。世話役の総会を「ウヨイ（大寄）」といって、その会は年度末に、小山田の各地区、川田・東俣などを年度ごとに移動して開催される。出席した世話役には手当てが支給される。話し合いの主な内容は、各地区での御座に「ホトケバアサン」、別名「取次人」【註1】をどのような日程・計画で呼ぶかの調整である。各地区での御座の日取りが重ならないようにすることが重要なのである。

各地区での定例の御座には、一月中に開かれる「御初座」、三月「彼岸の御座」、十一月中に開催される「報恩講」である。その他、臨時の御座も開かれることがある。

(2) 入信儀礼

御座には、「内の如さん」という信仰組織に加入することの許しが出た者だけが参加できる。子供は、七歳になったら御座に呼ばれる。主に、親や祖母が連れて行く。「内の如さん」地帯以外の地区から嫁に来た場合、御座に呼ぶべきかどうかを世話役が厳しく吟味・審査する。「あそこの嫁は、まだ信心が足りない」とか「信仰心の薄い地区から来たので呼べない」「あそこの嫁は、口が軽く、〈内の如さん〉の秘密がもれる可能性がある」という場合は、呼ばれない。「あそこの嫁は、礼儀正しく、近所の人からも好かれ、信頼されている」という場合は、入信儀礼への参加は確実である。

七歳になった子供でも、「この子は、信仰心が足りないのではないか」と親が判断したら、御座に連れて行かない。したがって、兄弟・姉妹でも、入信していない場合もある。入信は、あくまで個人の信仰的資質・熱意によると考えられている。

御座が開かれる家は、人里離れているか、山に囲まれたりして、「内の如さん」の信者以外、すなわち、異教徒に見つかりにくいところが選ばれる。

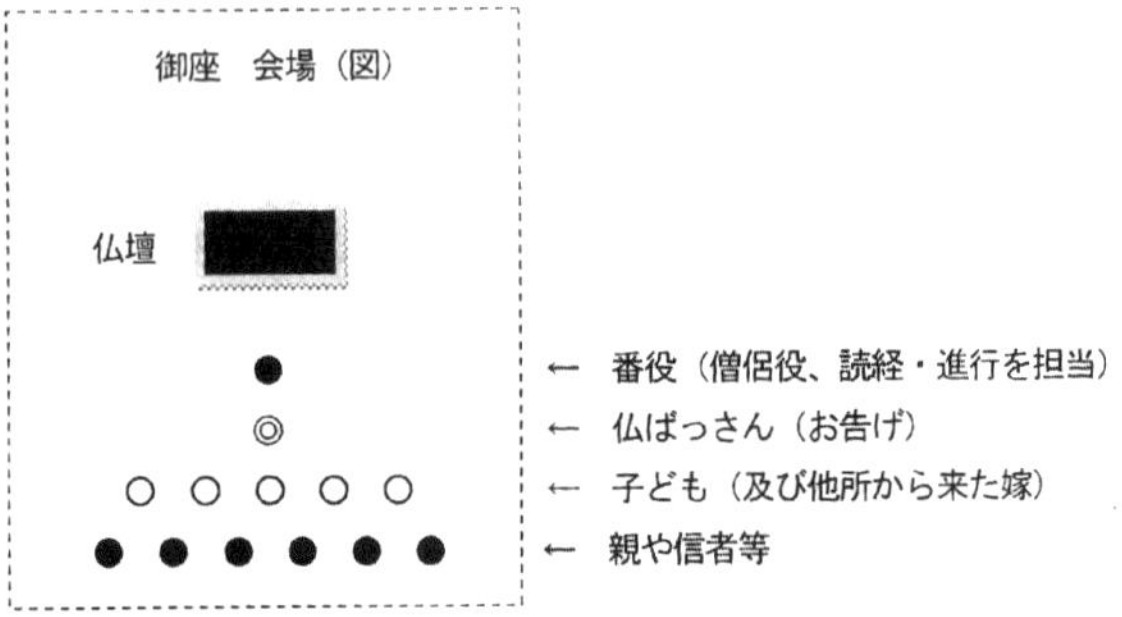

粕谷昌志『「かくれ念仏」について』（平成10年より）
※原図は筆者（森田）の提供

御座には、シャーマンである「ホトケバアサン」と、説教や経文の読誦がうまく、かねてから皆から信頼されている、法義の指導者としての「番役」が呼ばれてくる。座る場所は一番前に、七歳になった子供たちが正座して横一列に並ぶ。二列目に、参加を許された嫁たちが並ぶ。その後ろには、子供を連れてきた親や祖母、嫁を連れてきた姑や一般の信者たちが座る。子供たちと嫁たちは、長時間正座して「南無阿弥陀仏」をくり返し唱える。長時間といっても子供たちと嫁たちは、正座の時間が異なる。子供たちは、原則として三十分ぐらい。嫁たちは、それ以上、場合によっては一時間をこえることがある。番役は、「内の如さん」に加入していて、この地域のほとんどの人々が加入している浄土真宗の講である「仏飯講」の番役が呼ばれる。

御座では、番役が正信偈などの経文を唱える。その間に「今晩は、有り難いお告げがあるから、よく聞いてください」と告げる。すると、今まで手を合わせて、「南無阿弥陀仏」を唱えていた「ホトケバアサン」が、あたかも歌をうたうような調子で話し始める。内容は、人によって異なるが、三代目「ホトケバアサン」である柳田ミカは「いつまでも、こういう世の中ではありませんよ。そのうち、暗闇がくるから、今のうちにお詣りして信心を深めておいてください」などと話す。

その後、「ホトケバアサン」が「今晩、よく念仏を唱えて拝めば、有り難いことに極楽に行けるのですよ」と教える。長時間の正座で苦痛ではあるが、念仏を一心に唱えることにより極楽に行けるという悦びが待っているのである。これは、この世で、「即身成仏」【註2】できるということを意味する。また、死んでからも極楽に行けるという教えである。

かつて御座が開かれた部屋（東俣町）

子供たちの中で、親によく教えられ、念仏を唱える習慣をつけている場合は、長時間の正座に耐える者が多い。何せ、七歳とはいっても幼い子供であるので、足を投げ出したり、寝そべったりする者もいる。座の後ろに座っている母親たちは、はらはら、いらいらしながら見守っている。後ろから「しっかりしなさい」と叱りつける親もいる。

「ホトケバアサン」は、前を向いて経文を唱えている。しかし、不思議にも後ろの子供たちが念仏を唱えている様子をよく観察しているのである。「あの子は如様になった」とか「あそこの子は、もう少し拝まないと極楽に行けない」などと言い、厳しい選別を行う。「如様になった」とか「極楽に行ける」と言われた場合は合格である。「次の御座に来なさい」と言われたときは不合格である。このことは親にとっては、大変不名誉なことであるし、しつけが足りないと思われるのが嫌だから、次の御座を待ちきれない。そのため、直接、「ホトケバアサン」の家に子供を連れて行く場合が多い。合格が出るまで、長時間にわたり何回も念仏を唱えさせる。

一回で合格した場合は、子供はもちろん嬉しいのであるが、親の喜びようは格別である。子供は、この合格により、信仰への自信を得る。その後の人生が変わってくる人も多いという。

かつて御座が開かれた部屋への入り口付近（東俣町）

嫁たちに対しては、子供たちより厳しい判断がなされる。不合格の例は少ないが、長時間の正座と称名念仏【註3】が求められる。嫁の中には、この地に嫁いできて何故、このように半強制的に念仏を唱えさせる「内の如さん」に加入しなければいけないのか、疑問と反感を抱いている人も少なからずいる。しかし、姑などから、いずれ、生まれてくる子供も入信させなければいけないのだから、母親は入っていたほうがよいのではないか、と説得される。

入信していないかまたは入信を許されていない嫁が、家の中にいる場合、家族は、嫁の前では「内の如さん」の話はしない。秘密が洩れてはいけないからである。これは、夫婦、親子、兄弟間でも同様である。それほど、「内の如さん」という宗教的な講員の秘密と団結が要求されるのである。そして、「内の如さん」の信仰地帯に住む人々は、その講員になれるだけの信仰上の資質、秘密保持力を持ち合わせているかを常に判断されている。それでは、もっと具体的に入信儀礼の様子を見ていってみよう（年齢順不同）。

【事例1】鹿児島市東俣町のA女（昭和二十六年生）

A女が、嫁に来て、いっときたった頃のある夜、姑が突然「今夜は、あなたを連れて行かなければならない所がある」と言い出した。何のことか分からず、胸が高鳴り、緊張が走った。連れて行かれた所は、東俣の畠田秀則さんの家で、鬱蒼とした深い山林に囲まれた閑静な所であった。行く時は、人通りの多い広い道は避け、淋しくて、狭い山道を選んだ。暗闇の山道を提灯も灯さずに、声を出さないようにして、下駄は音がするので草鞋《わらじ》を履いて行った。

畠田さんの家は、大きくて立派であった。着いたら仏壇と床のある表座敷に通された。七歳の子供たちは、最前列に座り、嫁たちはその後ろに並んで正座した。座の後ろには、「内の如さん」

の信者たちが大勢座っていた。嫁たちは、恥ずかしいのか、念仏を唱える声が小さい。四代目「仏婆さん」である米倉エイさんから「そのような小さな声では仏様に届かない」と何回もお叱りを受けた。しかし、何とか合格して「内の如さん」に加入できた時は、家族から何でも包み隠しなく話をしてもらえるようになった。

【事例2】鹿児島市東俣町のB女（昭和二十八年生）

七歳の時、「内の如さん」の御座へ母に連れて行かれた。長時間念仏を唱えるうちに四代目「仏婆さん」である米倉エイさんから「あなたは如さんになったよ」と合格の吉報を告げられ、入信が許された。その後、小学校五年生の時も母に連れて行かれたことがある。入信も許可されていたので、この時は、座の後ろに座った。御座が終わってから「このことは、学校で友達に話してはいけないよ」と厳しく告げられた。

【事例3】鹿児島市東俣町のC女（大正十一年生）

C女は、同じ「内の如さん」地帯である鹿児島市小山田町から東俣町に嫁に来ていた。C女の二男を入信させた話。

ある夜、七歳を過ぎた二男に「いい話があるよ。聞きに行こう」と言って、御座に連れて行った。一番前の列で、他の子供たちと一緒に「南無阿弥陀仏」を唱えていたら、三代目「ホトケバアサン」である柳田ミカさんから「声が小さい」と注意された。そのため、一時間以上、一回一回頭を下げながら念仏を唱えていた。突然「ホトケバアサン」から「有り難い。いただいた」と告げられた。合格したのである。それから「あなたは後ろに下がってもよい」と言われ、母親たち信者が座っているところへ移った。合格しない子供たちは、一生懸命、念仏を唱え、「ホトケバアサン」からの「有り難い。いただいた」の言葉を今か、今かと待っていた。

【事例4】鹿児島市東俣町のA男（昭和二十四年生）

ある夜、七歳の時、御座に母に連れて行かれた。御座のある家に行くときは、暗闇であったが、提灯や懐中電灯は持たない。物音を立てないように草鞋を履いた。集団になって目立つことのないように前後、バラバラになって歩いた。途中で人に逢っても挨拶はしない。どこに行くのかと聞かれても黙っているようにと母に厳しく告げられた。子供の中には御座で雑談をしたり寝そべったりする者もいた。しかし、A男は、一生懸命、念仏を唱え続けた。自分が合格したことは「ホトケバアサン」から母にこっそり伝えられ、後で母に教えられた。

【事例5】鹿児島市小山田町のD女（昭和二年生）

七歳になるとき、母に連れられて御座に行った。御座のある家は集落でも淋しい所にあった。声が外に洩れないように雨戸がしっかり閉められていた。そこに行く途中、暗闇の中で若者たちが見張り番をしていた。そういう若者たちと、途中で何回も逢った。彼らは、他の集落から「内の如さん」以外の信者たちが入ってこないように番をし、入ってきたら力づくで阻止する役目を担っていたのである。御座では「南無阿弥陀仏」を一時間ぐらい唱えていた。途中で足が痛くなってきた。その時、二代目「ホトケバアサン」である井手上イセヅルさんから「如さんになったよ」と告げられ、ほっとした。

【事例6】鹿児島市東俣町H男（昭和十八年生）

入信儀礼の御座は、自分の家であった。「ホトケバアサン」は三代目である柳田ミカさんであった。七歳の時、「南無阿弥陀仏」を三十分ぐらい一生懸命唱えた。足がしびれて正座しているのがきつかったし、こんなものを信じて何になるかという気持ちが子供心にあった。横から後ろから、もっとしっかりするように親からつつかれた。その時、同じような年頃の子供たちが四、五人来ていた中で、自分だけが「ホトケバアサン」から不合格を告げられた。非常に慌てた親は、その後の御座に連れて行った。その時は合格して、ほっとしたことを覚えている。その後、私は、教育の仕事に携わったが、この体験は心の持ち方に大きな影響を与え、生徒たちを教育する指針となった。

ある時、柳田ミカさんから、戦死した父の霊を呼び出してもらった。父の霊が「ホトケバアサン」の口を借りて、「お母さんや廻りの人に心配かけないようにしなさい。私は、いつもお前を見ているよ」というお告げがあった。いつも父の霊に見られているようで、しっかりしなければならないと思うようになった。

【事例7】鹿児島市皆与志町塚谷のE女（昭和四年生）

御座に行く時は夜、人に分からないように二、三人連れだって、幾つかの筋に別れて行くものであった。七歳になった子供は長時間、正座して南無阿弥陀仏を唱えさせられる。合格の場合は「信心をいただいた」と「ホトケバアサン」から告げられた。六歳までは仏の子だから、亡くなったら皆、極楽の仏の元へ行ける。しかし、七歳になったら一人前の人間と見なされ、御座で信心をいただかなければならない。新しく集落に嫁に来た人や移住してきて「内の如さん」に加入を希望する人の中で、「モノゴチョ（物事＝おしゃべりで余計なこと）」を言う人は入会を許されない。他人に言いふらし秘密が洩れる恐れがあるからである。

【事例8】鹿児島市皆与志町菖蒲谷のF女（昭和十一年生）

自分の夫は「隠れ如さん（隠れ如様　内の如様のこと）」の信者ではない。そのため、七歳になった末子を入信させる際には、家族内に分からないように夜、こっそり御座に連れて行った。末子が夜道で「何処に行くの」と大きな声で聞くので困った。御座のある家に近づいてきたら提灯の灯りを消した。六歳までは亡くなったら皆、極楽に行けるが、七歳になったら心に悪霊が寄って来るので入信させなければならない。心身に障害のある子供に対しては「ホトケバアサン」が「何も心配するな」と言って比較的容易に入信を許した。隠れて御座に行くのは、隠れ念仏取り締まりの武士が耳や鼻を切ったりするからだと教えられた。

【事例9】稲盛和夫氏が『生き方』(二〇〇四)『臨済宗松下住職との対談記録』(二〇〇五)で、次のように記している。

私の実家は鹿児島市にあり、両親とも浄土真宗の熱心な信者でした。そのため、私も両親の影響を受けて、子供のころから時々、鹿児島市内にある西本願寺別院に通っていました。さらには、このような宗教の原体験らしきものがあります。六歳の時、鹿児島市内から三里ほど離れた、父の生まれた村へ行った時のことです。そこには「隠れ念仏」(「内の如さん」のこと＝筆者注)といわれる信仰が当時まだ残っていて、そこで私は強烈な体験をしました。父は、日が暮れるまで親戚と雑談をしていたのですが、日が沈むと私を連れて、山道を登って行くのです。私のほかにも、小学校にあがる前の子供四、五人がいて、大人はその周囲を提灯を持ちながら歩いていく。みんな声を出さず、何か恐ろしい感じがしたことを覚えています。

山道を登った先に一軒の家がありました。中に入って、押し入れを開けると、中に立派な仏壇が置かれていました。その前に袈裟を着たお坊さんが座っていて、経をあげているのです。子供は、その坊さんの後ろに正座させられ、お経を聞くように促されました。当時、既に電気はきていたはずですが、その家の電灯はついておらず、小さな蠟燭が二、三本灯っているだけで、非常に暗かったことが今も印象に残っています。大人たちは、家の周囲の目を気にし、気づかれないように警戒している雰囲気が伝わり、何か悪いことをしている感じがしました。

読経が終わると、お坊さんが後ろを向いて、子供たちに「お仏壇の前に行って、お線香を上げて拝みなさい」と告げました、一人ずつ拝みに行ったのですが、私が拝み終わると、お坊さんは「お前はもう、これでいい、今日のお参りですんだ」と告げ、父に向かっても「この子はもう連れて来なくてもいいですよ」と言い、〝おすみつき〟を与えてくれました。また、さらに私に「これから毎日、『なんまん、なんまん、ありがとう』と声を出して仏さんに感謝しなさい。生きている間、それだけすればよろしい」と説かれました。中には、「この子はもう一度連れて来てください」などと言われている親もいました。私は「もういい」と言われたことで、何か試験に合格したような、免許皆伝を認められたような、そんな嬉しい気持ちになりました。

この体験が印象深く、私は今もことあるごとに、「なんまん、なんまん、ありがとう」と、ごく自然に唱えている自分に気づき、苦笑いしています。仏教寺院だけでなく、ヨーロッパへ行って、キリスト教の教会へ行った時でも、これは同じです。私にとって「祈り」とは「なんまん、なんまん、ありがとう」で、これはもう宗教、宗派を超えたものと言ってもいいでしょう。

粕屋昌志『「かくれ念仏」について』は、稲盛名誉会長を讃えるために発刊された冊子ではあろうが、氏の学術的理論も垣間見えて興味をそそるものがある。この著では次のようなことが注目される。

① 「かくれ念仏」は稲盛名誉会長の原点

「必ずナンマン　ナンマン　ありがとう」とつぶやいて手を合わせました。これをこんにちまで続けてきたことが、こんにちの私をつくってくれ、こんにちの京セラをもたらせてくれたのではないかと思っています。（後略）」（二〇〇八年七月七日「盛和塾」第一六回全国大会「塾長講話」）

② 粕屋昌志説

「かくれ念仏」だけで、稲盛名誉会長の全てを語ることは、自ずから無理があろう。源流を発した水の流れが、いくつもの支流を加えることで、幅を広げ、やがて大河と成長していくように、希代の人物稲盛名誉会長の思想、また人格も、その人生で経験したことから成り立っているのであろう。

稲盛名誉会長のさまざまな側面、たとえば希代の経営者、傑出したリーダー、時代の変革者、また警醒の啓蒙家、さらには利他の慈善家などの萌芽は全て、「かくれ念仏」に見いだすことができる（左の図参照）。

以上、稲森氏のも含めて九例をあげた。

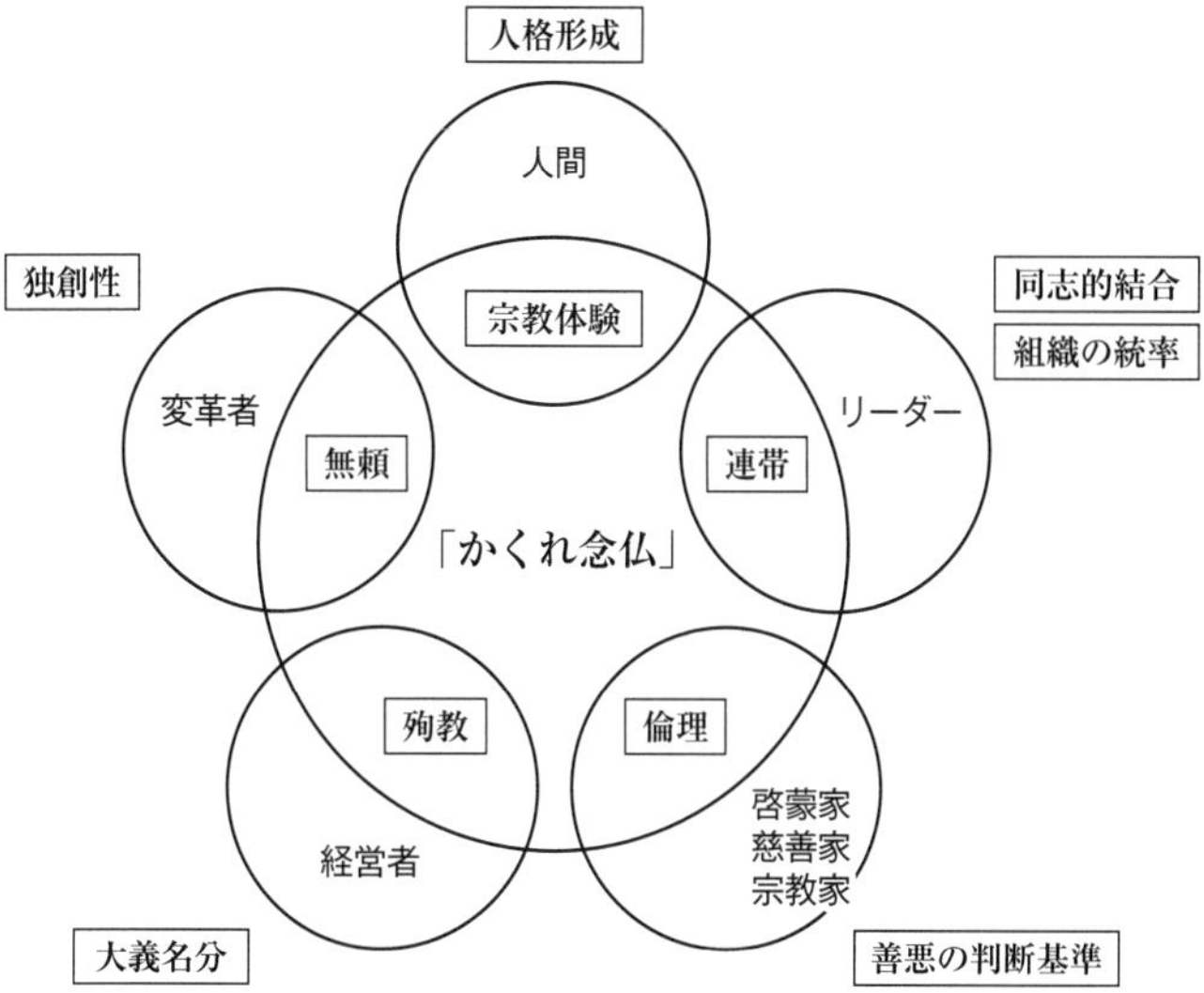

「かくれ念仏」が稲盛名誉会長のフィールドに与えた影響

第一に、**事例1**は、他の集落から東俣町に嫁に来て入信したときの体験談である。七歳の子供たちよりも大人であるということで、長時間の正座をさせられ、南無阿弥陀仏を唱えさせられた。何故、このような苦しい思いをしなければならないのかと疑問を持つ嫁たちもいた。しかし姑から、自分の子供たちに信心をいただかせるために母親が先ず、合格しなければならない、と説得され、何とか納得したものだった。不思議にも「隠れ如様」に加入した翌日から家族から信頼され、心おきなく話しかけられるようになった。また、集落内では、入信した者同志が法義の仲間としてお互いに心を許して助け合ったりしていることが分かった。私もその法義の仲間に入ることができた。前に述べたように、この御座に呼ばれるのも「内の如さん」の役員たちの厳しい吟味がある。これを一次審査とすれば、御座で合格するということは二次審査を突破することになり、喜びもまたひとしおである。

第二に、事例2〜9は、七歳になった子供の入信儀礼の例である。六歳までは菩薩の子とされるが七歳になったら一人前とされ、阿弥陀如来の信心をいただかなければならない。事例9は、稲盛氏が、子供のころの体験を思い出して文章にしたものである。隠れ念仏の御座にいたのは、普通、「ホトケバアサン」と指導者の番役である。恐らく稲盛さんは「ホトケバアサン」より番役の印象が強かったのだろう。稲盛さんは、これが良き宗教体験となり、生涯、仏への感謝の気持ちを忘れなくなっている。それが日本だけでなく世界で認められる経営者として飛躍していった精神的原動力となったのである。今では巨大企業の会長となっており、日本の航空会社の立て直しに成功して、経営者としての手腕はますます高く評価されるようになっている。

『かくれ念仏」について』の著者、粕谷昌志は「小山田の〈かくれ念仏〉に端を発した清らかな流れはいくつかの支流を集め、その河幅を大きく広げながら、悠久の大地を貫く大河となって、今も蕩々《とうとう》と流れ続ける。その流れは、我々も想像もつかない大海となっていくに違いない」と記している。粕屋氏の指摘は当を得たもので注目に値する。

第三に、御座での儀礼は極秘が求められ、それが守られていることである。御座の開かれる家は、集落でも外れた所にあったり、深い森林に覆われた屋敷地にある例がほとんどである。御座は夜に開かれるので信者たちは暗闇の中で灯りをつけず、物音一つ立てないで歩いて行く。歩く時も二、三人ずつに別れ、異なった筋の山道を歩く。集落内の異教徒や集落外の人に出会い、話しかけられても一切応じない。履き物は草鞋が選ばれる。下駄の人は音を立てないようにして歩く。御座で体験した秘密の儀礼のことは学校に行っても絶対に話してはならない。この守秘義務は子供にとっては、大変な苦行となる。筆者が、当地に調査に行った時、この話を異教徒にするのは、初めてだ、と語る人は多い。

秘密厳守の理由は、

① 役人が捕まえに来るからだという人は多い。藩政時代から明治九年に信教の自由令が出るまでの厳しい弾圧に対する恐怖心が今でも持ち続けられているのである。したがって、現代でも、警察官などは入信を断られる例が多い。

② 「内の如さん」は、本当の阿弥陀如来の教えであるから、と答える古老は多い。自分たちの信じている親鸞聖人の教えこそが正当であるという意味である。霧島山麓の牧園町と横川町に分布・点在している「カヤカベ教徒」たちが「自分たちこそ、親鸞聖人の教えである本当の浄土真宗を信じているのだ」と誇りを持って話しているのと共通する。桃園恵真は『さつまの「かくれ念仏」』で「カヤカベ教は秘事法門と思われる点がある」と述べているが、「内の如さん」も秘事法門の一つであることが推測できるのである。秘事法門というのは「浄土真宗の異端の一つで、秘密裏に伝授されるためにこの称がある」（千葉乗隆「秘事法門」一九九一年『世界宗教大事典』掲載）とされるが、これについては後述したい。

③「ホトケバアサン」が、「御聴聞」という冥界通信をする能力、則ち呪術力を失ってしまうからだと強く説く信者もいる。このことは「ホトケバアサン」というシャーマンの支えがないと「内の如さん」の信仰は成り立たないことを意味する。現在、「内の如さん」は休止状態であるが、それは「ホトケバアサン」が途絶えたからである。次の「ホトケバアサン」が出現することを待ち望んでいる信者は多い。

④厳しい入信儀礼を通過しなければ「内の如さん」に加入できないということである。集落内はもちろん、いつも生活を共にしている家族内でさえ、選ばれた者しか入信できない。このような厳しい入信儀礼は「カヤカベ教」や東北地方の「隠し念仏」でも見られる。

【註】

1 **取次人** あの世の霊とこの世の遺族との、意思の交流を行う、すなわち。冥界通信を行う人。

2 **即身成仏** 世に生を受けたこの身のままで仏になること（『仏教語大辞典』一九九七）

3 **称名念仏** 阿弥陀仏の名を口に唱えること。

7 秘録による「内の如さん」の内容

鹿児島市小山田町栗之迫に住む、信者の世話役K氏が記録した『栗之迫世話役記帳』（以後『記帳』と記す）が残されている。これまで「隠れて」あるいは「隠して」信仰されていた「内の如さん」の記録が残っているのは珍しくかつ貴重である。過去、御座が終わった後は、その都度、関係書類は焼却するしきたりであったからである。

薩摩藩政時代から禁制であった「隠れ念仏」の多くは記録を残していない。それは、その秘密を守るためであった。しかし、K氏は、秘かに大切にして保管していた。筆者の、見せてほしいとのたびたびの要請にも、頑として首を縦に振らなかった。しかし、「隠れ念仏」である「内の如さん」研究の必要性を熱心に説いていったら、最後は共感してもらい、ついに公開していただいた。

K氏は、若い頃から家族の弟妹を養わなければならない境遇にあり、大変な苦労人で、そのためか信仰心も厚かった。この『記帳』は、昭和三十四（一九五九）年度以降のものしか残っていない。その頃、K氏が役員を引き受けていたからである。この記録により「内の如さん」の信仰組織や年中行事、講の内容などが分かる。なお、この「記帳」は、小山田町上方限《かみほうぎり》によって催される御座の記録である。上方限というのは、栗之迫・古園・上大迫・下大迫からなっている。時代を追って、主な記事を抜き出していってみよう。

①　昭和三十六年（一九六一）一月二十三日　御初座　A氏宅

支出の主なものとして次のように記されている。

・布施　一一〇〇円　・座代　三〇〇円　・一月十七日川田会議　四〇〇円

布施一一〇〇円（一〇〇〇円の間違いか。筆者註）は、御初座に呼んだ、三代目取次人である「ホトケバアサン」柳田ミカに四〇〇円、同じく「ホトケバアサン」として呼んだ四代目取次人、米倉エイに三〇〇円、その同伴者である夫に一〇〇円、番役の上原真吾に二〇〇円支払われた金額である。この御初座には二人の「ホトケバアサン」が呼ばれている。信者たちの家族の中で亡くなった人の霊を呼び出してもらい、御聴聞を聞きたいという願いが多かったからである。番役は、正信偈などの経文を読誦し、亡くなった人の霊を呼び出して、「ホトケバアサン」に憑依させる。その番役として、この時は、上原真吾を御座に呼んでいるのである。

真吾は、伝統的な「隠れ念仏」、真宗講である「仏飯講」の番役である。同時に「内の如さん」の熱心な信者でもあった。前述の上原新左衛門の子息であるが、昭和四十五年（一九七〇）に、集落の人々に惜しまれて亡くなっている。集落の人々から「仏様に仕えている人は違う」と言われるぐらい信仰心が厚く、「人間ができた人」だったという。年忌法要には頻繁に呼ばれていたので本業の農業はほとんどできなかった。

真吾が読経すると突然「ホトケバアサン」にシケがかかり、全身が振るえ出した。いっときしてから「新口寄《あらくちよせ》」や「古口寄《ふるくちよせ》」が始まるのである。真宗講の一つである「仏飯講」の番役の読経により、「ホトケバアサン」が亡くなった人の霊を呼び出すというのは珍しいし、本願寺派からすると許せない宗教行為である。

「記帳」の中で、「一月十七日川田会議　四〇〇円」というのは、旧郡山町川田（現鹿児島市）で開かれた「内の如さん」の世話役たちの「ウヨイ（大寄）」に小山田町栗之迫から行った世話役へ旅費として支払ったものである。「大寄」が「内の如さん」の最高意思決定機関なのである。

② **昭和三十六年八月十三日**（盆のお礼＝筆者註）

各信者から集めた金額は一三五〇円。

東俣（旧郡山町。現鹿児島市）五〇〇円　大迫輝光行く。

栗之迫（鹿児島市小山田町）五〇〇円　山田盛吉行く。

名越（鹿児島市小山田町）　四〇〇円　山田盛吉　五〇円立替

東俣五〇〇円というのは、かねて御座の御聴聞でお世話になっている、東俣に住む「ホトケバアサン」柳田ミカに盆のお礼として、大迫輝光が持参し、五〇〇円渡した金額である。栗之迫五〇〇円というのは、同じく御聴聞でお世話になっている、栗之迫に住む「ホトケバアサン」、米倉エイに五〇〇円をお礼として、山田盛吉が持って行って渡した金額である。名越四〇〇円というのは、法義の指導者である名越居住の番役、上原真吾に、山田盛吉が持参して支払った金額である。ここで注目しなければならないのは「ホトケバアサン」へのお礼が番役へのお礼より一〇〇円高いことである。伝統的な「隠れ念仏」である真宗講では番役に一番重きが置かれているが、「内の如さん」では、シャーマンである「ホトケバアサン」の方に、信者は重点を置いていることを示しているのである。

③　昭和三十六年十一月二十日　報恩講　山田宅（山田盛吉宅＝筆者註）

一戸　一合と十円（一合は米一合のこと　筆者註）

集金　一〇九〇円

支出（一部紹介＝筆者註）

御布施　一一〇〇円

栗之迫　三〇〇円　一〇〇円

東　俣　四〇〇円

名　越　三〇〇円

収入（一部紹介）

御供養　九七五円

御賽銭　二七〇円

御布施は、前述したように「ホトケバアサン」と番役へ、御座で御聴聞をいただいたお礼で、御聴聞を希望する家族の人たちが出したお金である。御初座や報恩講などの御座では、亡くなった人の初七日、四十九日の「新口」だけでなく、一年忌、三年忌などの年忌に聞く「古口」を希望する人もいる。遺族だけでなく「内の如さん」の信者たちも、御聴聞には非常に強い関心を持つ。御聴聞が降りる予定の時の御座には信者が競って参加する。御賽銭二七〇円というのは、この御座で「ホトケバアサン」にさし上げるものである。当日は、竹の棒に布袋を結びつけ、信者の頭上にかざす。布袋が近くにきたら信者たちは御賽銭を投げ入れる。

④ **昭和三十九年（一九六四）八月四日**

麦代初穂旁也（ここで「旁」の字が使われているのは意味不明。「かたがた」と解すべきか。筆者）

上原　五〇〇円
米倉　五〇〇円
東俣　五〇〇円

上原五〇〇円というのは、番役の上原真吾に、霊を呼び寄せ、「ホトケバアサン」に憑依させてくれるお礼として、また憑依させるような、強力な説教をしていただいた謝礼として渡した。米倉というのは、「ホトケバアサン」の米倉エイ、東俣というのは、東俣に住んでいる「ホトケバアサン」の柳田ミカのことである。

⑤ **昭和四十年（一九六五）十二月二十八日　モチ米ヨセ**

東　俣　モチ米三升　ウルチ四升
上　原　モチ米三升　ウルチ四升
栗之迫　モチ米三升　ウルチ米四升

これは、年の押し迫った十二月に各戸から餅米と粳米《うるちまい》を集め、「ホトケバアサン」二人と番役に渡したものである。

⑥ **昭和四十一年（一九六六）四月十七日**

栗之迫　病気見舞い　五一二円
東　俣　病気見舞い　三六四円
上大迫　三四〇円

これは、「ホトケバアサン」の柳田ミカと米倉エイが病気になったので、そのお見舞を渡したものである。シャーマンとしての「ホトケバアサン」の口寄せが病気のためにできなくなったら大変なことになるから、早速病気見舞いをしたものと思われる。

上大迫三四〇円というのは、世話人としてかねてから苦労している大迫甚畡への病気見舞いである。

⑦　昭和四十三年（一九六八）五月十一日　明治百年法要　大迫輝光宅

仕出人　東サエ、山田サエギク、山之内シナ、比良フデ、山田スン、

下人迫二二戸、古園三二戸、上大迫一一戸、栗之迫二二戸、計一〇四戸（計一〇四戸というのは計算が合わない。八七戸である。戸数の数え間違いか＝筆者註）五八八〇円集金する。

野菜など料理材料費、茶菓子代、焼酎代、鶏代などを支出している。

鹿児島県は、明治百年を記念して明治維新の、県における先覚者の志や実績に応え、その意義を若い人に伝えるために記念式典を昭和四十三年四月六日に実施した。「内の如さん」の信者たちも、これをきっかけにして郷土の先覚者の偉業をたたえ、霊を供養するために開いたものである。

以上、「記帳」から特色ある記事を抽出してきた。紹介できなかった事項もあるが、おおよそ次のようなことが言える。

① 定期的な年中行事としての御座は、一月中に開かれる「御初座」、三月の「彼岸供養」、八月の「盆供養」、十一月の「報恩講」である。

② 栗之迫での「御座」に参加する戸数は、昭和三十六（一九六一）年度が一〇七戸であったが、その後、やや増加し、昭和四十六年には一二四戸で、平成七年（一九九五）の休止状態になる頃は、一一一戸である。参加戸数の減少により「内の如さん」が衰退したのではなく、「ホトケバアサン」が途絶えたためである。出現すれば、いつでも復活するという。

③ 「御座」の開催を知らせるのは「触役《ふれやく》」で、極秘のうちに連絡をしてまわる。

④ 「御座」の際は、料理が出されるが、それを担当するのが「仕出人」で、買い出しから料理まで一切を請け負う。弁当ではなく、信者による手料理が続いていた。

⑤ 講員の相互扶助が見られる。特に役員である世話役への病気見舞い、亡くなった時の香典、初盆や年忌の御霊前などは欠かせないものであった。

⑥ 「ホトケバアサン」と番役には、御座の度に御聴聞の謝礼が渡される。それに講員から麦の初穂料、米の初穂料、正月の餅米と粳米を、それぞれに贈る。年に三回のお礼をしているのである。これらの人々が、「内の如さん」の中で、いかに崇敬されていたかが分かる。

⑦ 御座で七歳になった子供や入信を希望する嫁たちに対する入信儀礼が行われるが、その際は、儀礼のためのお礼金を「内の如さん」の講に包む。

⑧ 「ホトケバアサン」に御聴聞を下ろしてもらうことを希望する人は、御供養のための代金を支払う。御聴聞は、遺族以外の講員にとっても最大の関心事であるが、そのために御賽銭を出すことを求められる。

この「記帳」は、昭和五十年（一九七五）一月二十二日から「上門徒帳」と名称が変わる。「上」の意味は、集落全員が参加資格を持つ「仏飯講」への優越意識が出ているのではないかとK氏は、誇らかな笑顔で語る。

8 浄土真宗講の御座との違い

「内の如さん」地帯である鹿児島市皆与志町塚谷の、浄土真宗系隠れ念仏「内場煙草講」については前述した。ここでは、同市小山田町栗之迫の浄土真宗講の御座と「内の如さん」の御座の違いは、どうなっているのかについて述べてみたい。

この御座には、集落に居住していれば、誰でも平等に加入できる。もちろん、「内の如さん」の信者たちも全員加入している。集落の人たちはこれを「講間《こま》の御座」と呼んでいる。「講間」というのは、通常十二、三人で構成される隠れ念仏講の単位である。明治九年（一八七六）九月

浄土真宗の隠れ念仏洞（鹿児島市川田町）

に信教の自由が公認される以前は、「浄土真宗系隠れ念仏」であったことが分かる。

ここには記録が残されている。表紙には、「世話□（方か）記帳　栗之迫世話□（方か）」と記され、昭和三十五年（一九六〇）から三十九年までの記録が残っている。

これによると、役員は世話方二人、ツナギ（繋ぎか　筆者）、すなわち触役《ふれやく》八人である。行事は、「新年会」「御鏡下げ」「御彼岸」四月三日の「御誕生祭」「ノロアガリ、オイロボシ」「報恩講」が主である。

「御誕生祭」は釈迦如来の誕生を祝うお茶祀りである。「ノロアガリ」というのは、田植え作業を「ノロ（泥）」につかって行った、それを上がる。田植えが終わったという祝いである。「サノボリ」とも言われる。しかし、合わせて水田耕作や、田植えにより虫を殺したので、それを供養する意味もある。「オイロボシ」は「御色干し」の意味で、集落内を一年ごとに宿直りをしていく時に移される仏壇や仏器、親鸞聖人像の掛け軸を虫干ししたり、洗ったりする行事である。それを行った後、小山田町名越に住んでいる番役を呼んで読経をしてもらう。その後、懇親会となるが、料理はソーメン、煮付である。それに焼酎も出る。

加入者は集落の希望する全戸である。この記録が記された時は、「内の如さん」の講員の割合は、どうなっていたのであろうか。

栗之迫三八戸のうち、「内の如さん」加入戸数は常時二四戸であった。そうすると六三・二パーセントぐらいの加入率であった。ということは、十四戸が、秘密のうちに営まれる「内の如さん」の儀礼や行事については知らなかったことになる。そして誰が「内の如さん」の信者であるかが分からないのである。あるいは、知っていても知らない素振りをしていた可能性がある。浄土真宗講の行事は、集落の行事も兼ねていることが多いので、焼酎や現金の寄付者が多い。集落の婦人会からの寄付もある。そして宴もたけなわになると太鼓、三味線を持ち込んでハンヤ節やオハラ節などが賑やかに歌い踊られる。

9 「内の如さん」の信仰地帯と修験および真言宗

「内の如さん」における番役と「ホトケバアサン」との間で行われる降霊・降霊憑依の関係は、修験者と巫女のそれに類似している。それに入信儀礼が即身成仏を求めるなど密教や修験の要素が強い。このような状態・内容がそのまま他地域から移入された可能性が大きいが、念のために、この地域にはどのような修験や真言宗思想に関係するものがあったかを見ていってみたい。

① 修験者川田義朗

鹿児島市の郡山には、戦国時代、島津氏に兵道者《ひょうどうしゃ》（兵術者。島津家では知者、祭礼・戦術の占いなどをする者と特に重んじた）として仕えて数々の功績をあげた修験者駿河守川田義朗がいた。晩年六十六部の大乗妙典を諸国の大社に奉納してまわったが、文禄四年（一五九五）に没した。その墓は、川田氏の菩提寺、曹洞宗市来龍運寺末、大川寺跡にある。そこには義朗の像といわれる将軍地蔵が残されている。川田義朗が「内の如さん」に宗教上の影響を与えたことは間違いないであろう。

② 花尾権現別当寺平等王院

鹿児島市花尾町には、花尾権現別当寺平等王院があった。鹿児島城下の真言宗大乗院の末寺。本尊は愛染明王である。背後には花尾山が聳えているが、山頂には熊野権現社があった。容易に立ち入れないような難所には修験の行場があった。岩場には、修験者が護摩修法を行った石壇が残されている。俗に「火焼きの岩」といわれていた。慶応三年（一八六七）四月には、「廃寺の節花尾山江仰渡」が薩摩藩から出され、これにより廃寺となった。花尾山で修行した修験者が「内の如さん」地帯の鹿児島市小山田町や皆与志町、東俣町、川田町の人々に信仰上の影響を与えたことが考えられる。

しかし、これら兵道者・修験者や天台宗寺院からの直接の影響については、「内の如さん」や浄土真宗隠れ念仏との関係は詳細に聞くことができない。

10　あの世からの通信、御聴聞の事例

あの世からの通信、すなわち冥界通信である御聴聞の内容については、それぞれの信者が話してくれているが、なかなか具体的なことが把握できないでいた。

ところが、ある一人の信者が、五代目取次人・「ホトケバアサン」である福永ユキの御聴聞を録音していた。秘密であるので録音などすることは絶対に許されない。三代目取り次ぎ人である柳田ミカが、「近頃、私の御聴聞を録音していろいろなことを言う人がいる。私は学問はないが、あの世にいる霊を一生懸命呼び出して、語ってもらっている。本当に迷惑している」旨のことを深刻な口調で語り、嘆いていたとのことを、ある信者から聞いていた。

福永ユキも録音されているなどとは夢にも思わなかったであろう。しかし、この信者はユキを崇拝するあまり、録音をして何回も繰り返し聞いていた。特に自分の身内が何を語ってくれるのかに関心があった。そして、その霊の供養のため何回も繰り返し聞いていたのである。決して悪気はなく熱心な信仰心にもとづいている。その信者は、「ホトケバアサン」のあの世からの通信を本当に死霊が語るものだと信じ切っている。

筆者は、その信者のもとに足繁く通い、研究の目的を理解してもらった。やがてその信者も分かってくださり、その録音を聞かせていただいた。これを教育や研究のために公開していいです

かと問うたら、「いいですよ。福永ユキさんはすでに亡くなっているので、霊験を失うという心配もないから」と言って理解をしてくださった。その内容を紹介して「内の如さん」の宗教としての分析を試みてみたい。

【事例1】死霊Aさんの御供養（死霊は「ホトケバアサン」の口で語る）

しんらーんしょうにんさま（親鸞聖人様）は、ごかにゅうしゃ（御加入者）の世のー宝ーをもらったらー、この世ーをわかれ（別れ）ーたらー、あの世ーに行くとーきにゃー右手はーしんらんさま（親鸞様）よー、左手はごかいさんしょうにんさま（御開山様聖人様）がー、ここよ、ここよと言葉をかけてー、蓮華ーの花ーの中へーつれていらっしゃるーのよ、Aさーんは、今ーは蓮華ーの花の中よー、今日ーはこうしてーごくよう（御供養）が上がってー、しんらーんさまがーや、おまーえーのごくよと呼ばれたらー、蓮華の花が開いーて、あかりーがついーてー、お前たーちのー膝元にー来て、お前たちーの姿が見えるーのよー、皆さーんよー、皆さんーよー、今日はねー、お前たーちのー膝元ーに自分ーは来て、お前たちーの姿ーが見えるーのよー皆さーんーよー、お前えたーち、見えなーいけどー、ごくよ（御供養）ーが上がーれば、蓮華ーの花が開いてー、お前ーの膝元にー会いに来られるーのよー、ごくよ（御供養）ーはありがたーいものーよ、この世ーの宝ーをもらっーてくれればー、しんらーんさまー、ごかいさーんしょうにんさまーが捨てにゃせぬよ、捨てにゃせぬーよとおっしゃるのーよ、皆さーんよー、今日のごくよ（御供養）ーはありがとうーよ、あの世はーごくよーが一番うれしいーのよー、この世ーの宝ーを持っーて行こうーうじゃなーいかー、あの世ーに宝ーを持っーてー行こうーじゃなーいかー、今日のーごくよ（御供養）ーはありがとうよー、Aさーんがー、Aさーんがありがとうよ、ありがとうよ、とおっしゃーていらっしゃいますよー、なむあみだぶつ（南無阿弥陀仏）、なむあみだぶつ、ありがとうよ、この世の宝を捨てずに持っていったら、自分たちがこの世を離れたら、しんらんさま。右手はしんらんさま。左手は、ごかいざんしょうにんさまがー、ここよー、ここよというて、蓮華の、花の中へと、つれていらっしゃるのよ、皆さんよー、皆さんよー、今日はありがとうねー、お前たち、見えないけどー、自分はお前たちのー、膝元に来ているのよー、ありがとうねー、ありがとうよー、なむあみだぶつ、なむあみだぶつ、なむあみだぶつ、

〔**解説**〕

この事例では、亡くなった人の霊の口を聴いてやるということは、何よりの御供養になるということを示している。

浄土真宗の開山は親鸞聖人である。この御聴聞では、「右手は親鸞様よ、左手は御開山様よ」という表現となっている。すなわち、左右両手に親鸞聖人ということになるのである。五代目取次人福永ユキは、両手の人物は、親鸞聖人であることを認識していたのである。あの世である極楽浄土には、阿弥陀如来よりも親鸞聖人の方が、より強い比重を占めていたことになる。これが「内の如さん」の「ホトケバアサン」の中核宗教思想になっているのである。極楽浄土

では、死霊は蓮華の花の中に入ることになっている。蓮華の花は泥の中の汚れに染まらないことから、清浄の意にたとえて、如来や菩薩の台座・持物などに用いる。また、蓮華界は浄土のことをいう（石田瑞麿　一九九七）。そして、蓮華は清浄無垢の意から諸尊の持ち物や台座に用いる（佐和隆研　一九七五）。この「内の如さん」は、死霊は、極楽浄土の蓮華座に生まれるという蓮華往生の思想を有している。もちろん、同じ「ホトケバアサン」でも、死霊が地獄に落ちているると語る時もある。しかし、御供養を熱心に行うことにより最後は蓮華の座に生まれ変わるという。

ユキは、「内の如さん」の御座で御供養をすると蓮華の花が開き灯がともり、此の世に出て来ることが可能となると説く。そして遺族の人々の膝元まで近づくことができると語る。死霊も生きている人に会えて嬉しいという。死霊の口を語る「ホトケバアサン」は、遺族から御供養を依頼してもらうことにより死霊を喜ばせることができる。同時に、布施が入ることへの期待が垣間《かいま》見られる。御供養を重ねることにより、死霊は、さらに上の蓮華の中に移動し、位が上がっていくという。

【事例2】死霊Bさんの御供養（死霊は「ホトケバアサン」の口で語る）

チーン、チーン（註・輪《りん》を叩く音）、なむあみだぶつ（南無阿弥陀仏）、なむあみだぶつ、しんらんしょうにんさま（親鸞聖人様）、ごかざんしょうにんさま（御開山聖人様）、Bさんのさんしゅうき

（三周忌）のごくよ（御供養）を申し上げます。

しんらんしょうにんさまー（親鸞聖人様）が、しんらんしょうにんさまがー、Bさんよー、今日ーはお前ーのごくよ（御供養）ーだと、お呼びなさったら、蓮華の花は開くのよー、名前ーを呼びなさーれなかっーたら、蓮華ーの花ーはしゃぼんー（萎むこと＝筆者）でいるーのよ、しんらーんさまがー、しんらんさまがー、Bさーんよー、ありがとうー、ありがとうーというーてよー、今日はー、お前のーさんしゅうき（三周忌）のごくよ（御供養）ーだと、しんらーんしょうにんさまが、おっしゃればー、蓮華ーの花ーが開ーいて、蓮華の花に、あかりがつくのよ、あかりがつけば、皆さーんの顔ーが見えるーのーよ、皆さーんの顔が見えて、自分はーお前や、皆さーんたちのー、膝元ーまで来れるーのよ、ごくよ（御供養）ーが上がらなけーれば、いつーもしゃぼんーだ蓮華の中よ、皆さーんよ、ごくよ（御供養）ーのありがたさーが分かるーでしょう、今日はー、今日はー、皆さーん揃っーて、自分のごくよ（御供養）ーにお参ーりできーてうれしいよ、うれしいよ、自分ーはね、お前たちの膝元ーまで来ているーのよ、ごくよ（御供養）ーが上がーれば、膝元まーで来れーるのよ、ごくよ（御供養）ーのありがたさーが分かるよね、この世ーの宝ーを皆さーんよ、忘れずーに持ってー、あの世ーへ行こうーじゃないでーすか、ありがとうよ、ありがとうよ、今日はーありごとうよ、なむあみだぶつ、なむあみだぶつ、今日は、ありがとうね、皆さんが、こうして、自分のごくよ（御供養）にお参りできてうれしい、お前たちの姿を見れば、自分は涙が流れて、膝元まで来ているけど、膝に涙がかかったら、いけないから、一歩さがった

ところまで来た、ありがとうーね、ありがとうよ、なむあみだぶつ、なむあみだぶつ、

〔**解説**〕

この事例も前事例と内容は同じである、ここでは御供養を重ねることにより、死霊は喜び、遺族の人々の膝元まで来て涙がこぼれることもあるという。死霊は極楽のさらに上位の位に上がれるということを示している。

【事例3】死霊Cさんの御供養（死霊は「ホトケバアサン」の口を通じて語る）

チーン、チーン（註・輪の音）

しんらーん（親鸞）様よ、ごかいさーん（御開山）上人様よ、C家先祖代々ーの、ごくよー（御供養）を、ごくよーをお願ーい、いたしーまーす。

しんらーん上人様が、C家先祖代々ーのごくよーとおっしゃれば、先祖代々ーの皆さーん、蓮華ーの花が上かーら下まーで、あかりーがつくーのよ。先祖代々ーというたら、上かーら下まーでよ、あの世ーの蓮華ーの花ーは、藤の花と一緒よ。先ーに亡くなっーた人は、一ばーん（番）上よ。藤の花も一緒で、蓮華ーの花が、上かーら下まーで下がるーのよ。有り難うよ。上の人が嬉しくて、先祖代々ーと上げーたら、上から下まーであかりがついて、藤の花も一緒で、上の蓮華が揺れたら、下の蓮華の花まで揺れるのよ。上の人の嬉し涙が、下まで落ちてくるのよ。上から下まで落ちてきて、下の蓮華の花からこぼれるほど、涙がたまるのよ。皆さーんよ、分かるで

しょう。先祖代々ーというたら、皆さーんの、皆さーんの、蓮華の花が上から下まで、あかりがついて、藤の花も一緒で、上が揺れたら、下まで揺れて、涙が次から次へと落ちて、下の蓮華の花からこぼれるほど、嬉し涙がたまるのよ。皆さーんよ、先祖代々のごくよの有りがたさが分かるでしょう。自分に、自分のごくよをしたら、先祖代々、皆さんのごくよをしようじゃないでしょうか。なむあみだぶつ。先祖代々のごくよが上がれば、しんらーん様は、先祖代々のごくよとおっしゃったら、上の蓮華の花が揺れて、次から次へと、下まで揺れるのよ。蓮華の花は藤の花と一緒よ。上から下までずーと、蓮華の花が下がっているのよ。皆さーんよ、皆さーんよ、蓮華の花が上から下まで揺れるように、先祖代々のごくよをしようじゃないでしょうか。なむあみだぶつ、なむあみだぶつ。

〔**解説**〕

C家の先祖供養で、先祖霊が、「ホトケバアサン」の口を借りて語る。いわゆる「古口寄せ」を行っているのである。南島や南九州は、一般的に「新口寄せ」をするのが多いが、ここでの古口寄せの例は珍しい。先祖霊は、先に亡くなった霊が、藤の花や蓮華の花の中に居るという。後から亡くなった死霊が、その下の蓮華の中に入るという考え方である。先に亡くなった先祖霊は上階に存在している。そして先祖供養をしてもらったら、その喜びで、蓮華の花が上から下まで揺れる。一番上の先祖霊が嬉し涙を流したら、それは下の蓮華に落ち、花からこぼれるほど涙が溜まるということである。その霊の喜びは、後から亡くなった霊に伝わるという先祖崇拝の思想が見られる。しかし、「内の如さん」の供養は、「ホトケバアサン」を通して行われるのがしきたりとなっているので、先祖供養に呼ばれる「ホトケバアサン」は、今後も、さらに続けて呼んでくれることを願っている様子が、よく観察される。ここでは、藤の花が蓮華の花と並び称されているのが特色である。藤の花は、神や仏を招く依り代であるとされていた（飯島吉晴　一九九一）。

【事例4】D氏（十八歳のとき、鹿児島市伊敷町でバイクに乗車中、事故に遭い死亡。D氏は高校一年で退学していた）の御供養

聞いーてよー、聞いーてよー、〇〇さん（註・親の名前。御供養を「ホトケバアサン」に依頼した人）よ聞いてくれよー、自分ーの名前はー、こうして、高ーい、高ーい、お浄土にお参ーりしているーのよ、自分ーはね、自分ーの姿を見てね。自分ーは、自分ーは一人よ、聞いーてよ、聞いーてよ、自分ーは、自分の……（註・聞き取りにくくて意味不明。先祖の名前か）の所に転がり込んだのよ。どうしたと言うても、ただ、ただ、転がるだけだったのよ。おかあさんが、えいぞうさん（註・亡くなった先祖の名前か）が、どうした、どうした、念仏唱えれば、でも、でーも、自分たーちの蓮華ーの花の中に入れずに、ごろごろ、ごろごろ、お前よ、お前よ、宝を落としたなら、皆与志のおばーさん（註・「ホトケバアサン」のこと）の家に行けよと、行けよと、じいちゃん、ばあちゃん（註・亡くなった先祖のこと）が言うて、自分ーは歩けなくて、ごそごそしたら、この世はね、宝を落としたなら、口じゃ言えないけど、手があるだろ、手があるから、手を合わせなさい、手を合わして、おばさん（註・「ホトケバアサン」のこと）が、おばあさんが、なむあみだぶつ（南無阿弥陀仏）、なむあみだぶつと唱えてくれた。一生懸命、有り難うよ、自分に、自分の胸に宝をいただいた。自分の胸に宝をいただいて、今はね、今はね、自分の胸に宝をいただいて、今はね、今はね、「南無阿弥陀仏」の六字を貰って、じいちゃん、ばあちゃん、皆さんの蓮華の花の中にいるのよ。喜んでくだされよ、じいちゃん、ばあちゃん、喜んでくだされよ、今はね、蓮華の花の中よ、今日のごくよで、今日のごくよで蓮華の花が開いて、なむあーみだぶつの手が合わせられるのよ、じいちゃん、ばあちゃん、喜んでくだされよ、喜んでくだされ、有り難うよ、今日のごくよは有り難うよ、南無阿弥陀仏、えいぞうさんがおっしゃるには、お前、どうした、M（註・D氏の名前）じゃないか、どうしたと言っても、ただ、ごろごろするだけだった、ごろごろするだけだった。皆与志のおばさんの所へ行けよと、えいぞうさんが、皆与志のおばさんの家に行けよとおっしゃって、こうして、自分は、歩けないから、分からなくて、ごそごそ行ったら、おばさんが、あらあらというて、起きて、阿弥陀経を上げてくださった。阿弥陀経を上げてくださるとき、口じゃ言えなかったら、手はあるでしょう。手があるでしょう。手を合わせなさーい。手を合わせなさいとおっしゃった。自分が手を合わしたなら、自分の目の前に、あかりがぱっとついた。あかりがぱっとついたら、えいぞうさんの所の蓮華の花の下に入れた。有り難うよ。じいちゃん、ばあちゃん、二度と自分の……（註・聞き取りにくて不明）、あとあと皆さんの……（註・聞き取りにくくて不明。あの世からの伝言か)。そう言ってくれとのことですよ。皆さんに、伝えてくれとのことよ。

〔解説〕

不幸にして十八歳で単車事故で亡くなったD氏の新口寄せの御供養である。若くして悔しい思いで亡くなった若者の無念さはいかばかりであろう。その死霊が極楽にたどり着くまでの過程を「ホトケバアサン」の口を借りて熱心に語る。若者の死霊は、なかなか極楽にたどりつかないで、冥土でごろごろして、暗闇の中をさまよっているという中陰の思想が見られる。そこで、先に亡くなった先祖霊が、皆与志に住んでいる「ホトケバアサン」、福永ユキの所に行くように勧める、そこで若者の霊は、暗闇の中をさまよいながらもやっとユキの家にとどり着く。ユキが言うには「手を合わせて南無阿弥陀仏を唱えなさい」と教える。その教えに従って「南無阿弥陀仏」を唱えていたら、先祖霊の居る蓮華の花の中に入れてもらえた、という語りである。一般的に不慮の事故で、無念の思いをして死んだ霊は、冥土をさまよい、なかなか成仏できない。地獄に落ちるかもしれない。遺族の心配ははかり知れない。遺族は、早速、「ホトケバアアン」に依頼して御供養を行うのである。南無阿弥陀仏を一心に唱えたら、成仏できる。それは遺族に対する教えでもあるのである。

あの世からの通信まとめ

これまで「あの世からの通信　御聴聞の事例」を四つ挙げたが、このことについて次のことがいえる。

① これらの御聴聞では、極楽浄土の阿弥陀如来の言葉は一つも出てこない。しかし、「南無阿弥陀仏」念仏の大切さは教えている。しかし、「ホトケバアサン」である福永ユキの語りでは、極楽浄土においては、善知識である親鸞聖人の地位が最高である。ここには善知識頼みの思想が出ていないだろうか。

善知識というのは、知り合い、友達の意味、善友ともいう。仏教では特に指導者をさす場合が多い。善知識の指導に従えば必ず往生できるという信仰が生じたが、これを善知識頼みと言い、浄土真宗ではこれを異端邪義とする。「内の如さん」が異安心派である大魯の三業惑乱派あるいは、もっと古くから薩摩に伝わっている異安心派の流れを汲んでいることが暗に示されている。

② 第二に、浄土志向性が強い。信者たちが「ホトケバアサン」の御聴聞を重要だと認識しているのは、供養を重ねることにより、死霊に早く往生してほしい、ということと同時に生きている自分たちも浄土に往生することを切に願っているのである。

③ 第三に先祖供養の大切さを説いている。先祖を限りなく重ね重ね供養することにより、霊魂は安定・浄化し、遺族の守護霊となることを信者たちは認識しているのである。

④ 第四に、亡くなったら極楽の蓮華座の台に生を受ける蓮華受生《れんげじゅしょう》の思想が見られる。

⑤ 事例四では、不幸にして交通事故で亡くなった若者の霊が、なかなか極楽浄土にたどり着

けない。しかし、この若者も七歳の時の入信儀礼で「如さん」になっているので、いわゆる密教や修験道の即身成仏を果たしているのである。

そのため、その時を思い出して手を合わせて南無阿弥陀仏を唱えなさいと「ホトケバアサン」は教えている。ここには、浄土真宗と修験道の習合が見られる。

⑥ 大魯の三業惑乱として知られる細布講《ほそぶこう》では、千亀が初代生き仏として活動した。大魯亡き後、細布講の法頭をしている。これが、揖宿郡《いぶすき》頴娃村《えい》（現南九州市頴娃町）新牧の郡山立志まで続く。千亀や立志は、遺族に亡くなった人（死霊）の冥界での様子を話してやった。しかし、昭和十一年（一九三六）十二月、立志は警察に詐欺の疑いで摘発された。同年に執行猶予付きの有罪判決を受けた。当時の鹿児島新聞は、「邪教センガメ宗の恐喝事件」として大きく取り上げ、報道した。門徒は、屋久島・知覧町東別府、南方村坊泊・肝属郡田代村・揖宿郡頴娃村新牧・喜入村小田代などに散在していた。邪教は六百人ほどになると報道している。これは、死霊を呼び出し遺族を安心させ、死者への供養になるという、本来の教義を大きく逸脱したことによるものであろう。大魯の三業惑乱派の信者の大半は、浄土真宗の教義をよく守り、熱心な人々が大半であったのであるが、一部の信者の詐欺により残念な事件になった。

その点から推測すると、「内の如さん」は、大魯の率いる三業惑乱派ではないのではないかと思われる。もっと古い異安心派（カヤカベ教や東北地方の隠し念仏など）が、この地域に根づいていたことが考えられる。その証拠に「ホトケバアサン」が死霊を呼び出しても、遺族を騙《だま》したりして悪事をはたらくという例が全くないのである。密教や修験道と習合しているとはいっても、浄土真宗の教義をしっかり守って、先祖供養の大切さを説いているのが特色である。

それから、「内の如さん」には「うよい（大寄り）」という、各地から熱心な信者の代表が集まり合議制で組織を運営しているのも注目すべきである。邪教を常に排除しながら正当な浄土真宗の教義を守っているのである。その証拠に、この地域からは、会社の大経営者や大商店の店主、優秀な学校の先生などを輩出している。七歳の時に教えられた南無阿弥陀仏の教義が、自分の生き方を支えてきたと話してくれる信者も多い。しかし、多くは語らない。それは異教徒である筆者への警戒心（異教徒に「内の如さん」のことを話したら地獄に堕ちるという約束事）もあるのかもしれない。

おわりに

さて、前述と重なるかもしれないが、最初にあげた論考のねらいに従ってまとめてみよう。

第一に、「ホトケバアサン」を母として崇め、番役の読経によってトランス状態になる関係は、修験者と巫女の憑依関係におけるものと共通しているのではないか、ということであるが幾つかの例を挙げたように、共通し同性格のものであることが分かった。

第二に、「内の如さん」の厳しい入信儀礼は密教や修験の思想に類似していることが確証された。

第三に「隠れ」ないし「隠し」の真の原因は、シャーマンである「ホトケバアサン」においての冥界通信が失われるものと信者たちが確信していることが理解できた。

第四に、薩摩藩時代から明治九年（一八七六）に信仰の自由令が公認されるまで、古くから伝わる浄土真宗系の異安心派の影響を受けていることも分かった。

以上、「内の如さん」は、宮崎県都城市を中心とする「カヤカベ類似の宗教」地帯の修験道や浄土真宗系異安心派、佐賀の新後生、東北地方の隠し念仏などの要素を取り入れた複雑で錯綜とした独特の個人の信仰を中心とした救いの思想を中心とした、「隠れ」ないし「隠し」の信仰であることに注目する必要がある。シャーマンの冥界通信は悪質性がなく、むしろ善意に満ちた相互扶助の信仰形態を保っているのである。そこには、民俗信仰における内面化と外面化の複雑化したものが見られる。

3の章　隠れ念仏と民俗行事

第一節　隠れ念仏の祭り
――祭りに育まれた民俗信仰の内面化と顕在化――

はじめに

祭りから隠れ・隠しの念仏信仰について論じていくのであるが、観衆が神仏の前で祭りを見、演じる者と場を共にしながら、隠れ念仏信仰は維持され、内的継承と発展を得る（徳丸亜木　二〇二〇）。この点を考慮しながら隠れ念仏の祭りについて論じていきたい。

隠れ念仏には、大別して浄土真宗系隠れ念仏と習合宗教系隠れ念仏との二つがある。習合宗教系隠れ念仏は、「隠し念仏」ともいわれ、現在でも「隠して」、異教徒に知られないように、また、本願寺との連絡を断って実修されている。その実態はまだ謎に包まれており、秘密の部分を多く残している。東北地方の隠し念仏、佐賀県の新後生など、全国に例を見るが、それらが、どのような関係にあるのか解明されていないのが現状である。

浄土真宗系隠れ念仏は、明治九年（一八七六）九月に信教の自由が公認された後は、何も隠れる必要はなくなった。しかし、それでも同行たちが、厳しい禁制を受けながらも弾圧に耐え、信仰を続けてきた、その慣習を守りつつ隠れるふりをして信仰している講が多い。これを疑似隠れ念仏という。しかし、時代を追うごとに、その習俗が消え、堂々と真宗寺で信仰の座を設けている例が多くなった。

浄土真宗系隠れ念仏から現在でも続けられている講のうち、鈴木段講間《すずきだんこま》の親様講《おやさまこう》と柊野仏飯講《くきのぶっぱんこう》の二つを、習合宗教系隠れ念仏からダンナドン信仰の春祈禱とカヤカベ類似の宗教の御初座を報告したい。

1 浄土真宗系隠れ念仏の祭り

(一) 鈴木段講間の親様講

(1) 名　称

鈴木段講間の親様講

(2) 実施場所

鈴木段講間の親様（仏壇）を預かっている宿。毎年一月と十月の二回、宿が移る。

(3) 実施時期

毎月十六日のおつとめ。一月四日の御文章おこし。一月十一日の御正忌。春秋の彼岸会など

阿久根市大川鈴木段

多数。

(4) 伝承組織

コヅヤク（講頭役）二人、ツドイ（集）五人。コヅヤクは五つの講間から選ばれた五人を皆が投票で決める。ただし、鈴木段の公民会長や婦人会長は除く。

(5) 由来・伝承

鈴木段講間には、本願寺第十八代文如上人（一七四四～九四）の花押と「方便法身尊形」の銘がある阿弥陀如来像の掛軸が二幅ある。それを「身代わり阿弥陀如来様」と呼んでいるので、どちらかが偽物である可能性がある。しかし、二幅とも本物ではないかという説もある。隠れ念仏取り締まりの役人が来た時は、偽物の阿弥陀如来を渡す。文如上人の銘があることから、少なくとも延享年間（一七四四～四八）の頃からの隠れ念仏の歴史を持っていることが推測される。

(6) 実施内容

毎月十六日のおつとめでは、午前六時半から二時間程度の講が開かれる。コヅヤク二人が親様（仏壇）の前で正信偈を読むと、講員も一緒に唱える。最後にコヅヤクの一人が領解文《りょうげもん》を

コヅヤク（講頭役）2人の読経

コヅヤクの読経に合わせて講員たちも経文を唱える。

講員の方を向いて唱えて終わる。それから朝の食事に入り、懇談をして解散する。

講宿になった家は、集落に死人が出た場合、コヅヤク二人がかけつけに来るので、昔は夜を徹して番をしなければならなかった。現在は、午前七時から午後七時まで家に居て死人が出た場合の準備をしている。それ以外は受け付けないという。講宿になった家の負担を軽くするように考慮されている（証海寺住職。橋本美由紀「かくれ念仏現地調査報告書」〈二〇一二〉も参考にした）。

(7) 意　義

皆で集まり、経文を唱え、阿弥陀如来の救いを求める。その後、食事に入るが皆、楽しみを

もって懇談をする。高齢者が多い集落であるが、皆、楽しそうに生活をしている。集落のまとまりも良いという。講員の中には魚の干物工場を営む人がいる。経営者も従業員も信仰心の深さをもとに勤勉で、それが地域起こしにもつながっている。また、この集落には大工講を催す人々がいるが聖徳太子の掛け軸を飾って祭りをする。浄土真宗の影響が強い。

(二) 柊野《くきの》仏飯講

(1) 名　称

柊野仏飯講

(2) 実施場所

柊野集落の公民館。

(3) 実施時期

年始法要、一月十六日御正忌、彼岸会、盂蘭盆会

(4) 伝承組織

仏飯講「コウガシラ（講頭）一名、会計一名、番役四名、講間《こま》係四名、最勝講《さいしょうこう》係四名

(5) 由来・伝承

弘化三年（一八四六）四月八日に京都の浄土真宗西本願寺直属の講として設立認可されたことが、「柊野仏飯講　歴代講頭芳名　弘化三年四月八日」という公民館の張り紙から分かる。

初代講頭は玉利源之助で、五代までが玉利姓のついた講頭である。柊野に浄土真宗を伝えた慈心房実道法師（岩城実道）は熊本県水俣方面から柊野方面に来て住みついた人である。墓は、柊野大丸の墓地にある。墓碑には「葦北郡田之浦正善寺之生　明治四十年（一九〇七）二月三日入寂　八十四才」と記されている。嘉永三年（一八五〇）に庵を開設し、明治十一年八月に信教寺が開設された。これまで講頭を中心として催されてきた浄土真宗系隠れ念仏である。講頭に合わせて講員たちも共に念仏を唱える（『宮之城郷土史』二〇〇〇）。

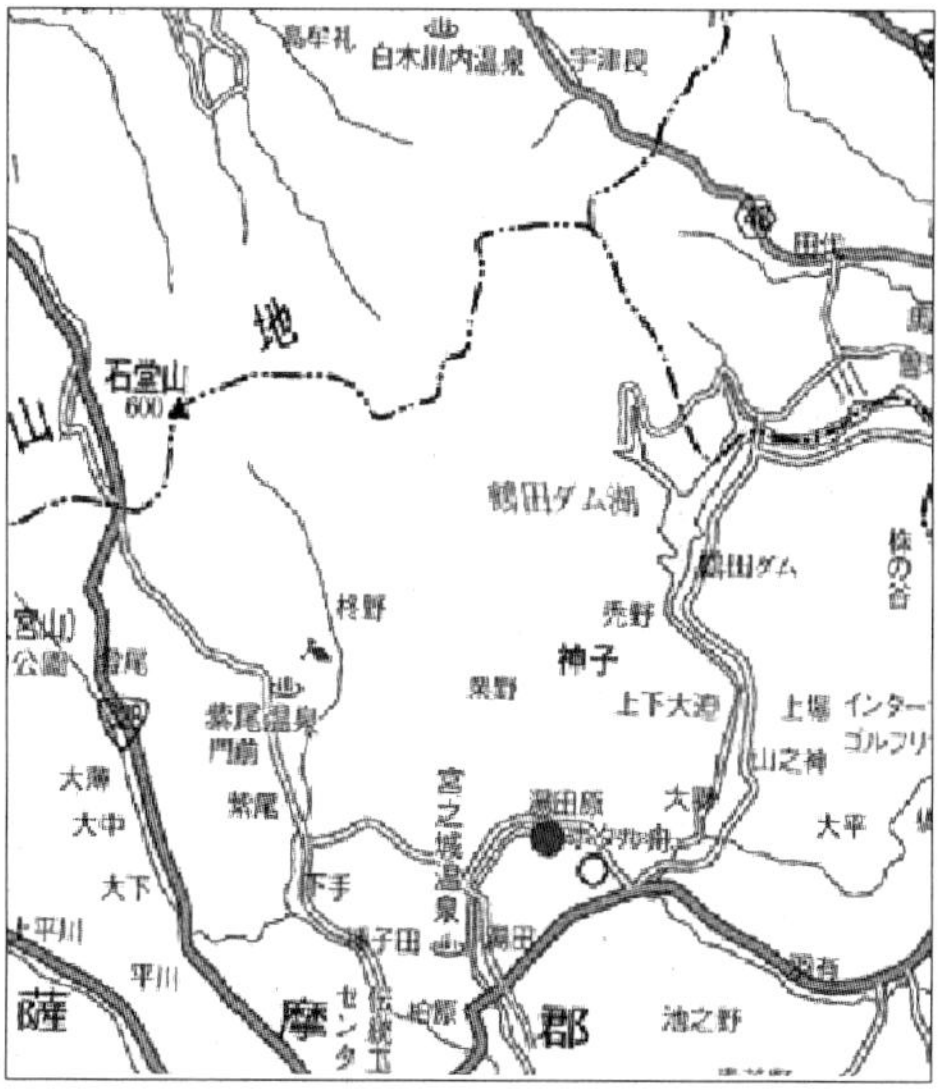

薩摩郡さつま町柊野

残されている御消息には「壬申春正月　龍谷寺務明如」からのものがある。ここに記された「壬申」は明治五年である。鹿児島県ではまだ、厳しい浄土真宗の禁制がしかれている時代である。また、柊野公民館には、直径五〇～六〇センチ、長さ三メートルくらいの「禁制時代の仏典収納木　柊野仏飯講」と記された雑木の丸太が展示されている。その雑木は縦引きの鋸で切られ、中が空洞になっており、仏典や「南無阿

年始法要で経典を読む講頭

講頭と共に読経する信者たち

弥陀仏」の名号や絵像が納められるようになっている。禁制時代は、近くの森に隠されていた。役人が来ても、ただの丸太だと見て、取り締まりの難を逃れたという。

(6) 実施内容

例えば、年始会は正月元旦から三日まで、朝・昼・晩の三回に分けて行われる。講頭を中心として、皆で正信偈や仏説阿弥陀経が称えられる。彼岸会も三日間行われ同じような経文を唱える。盂蘭盆会には信教寺から僧侶が来て、経文を唱えた後、説教がある。

(7) 意　義

柊野仏飯講では、伝統ある隠れ念仏の歴史を、例えば、彼岸会などに彼岸花祭りを盛大に催し、小学生たちに仏飯講の歴史・伝統を説明したり、柊野小学校の生徒たちが地域の田の神像の紹介をしたりして、良き後継者の育成に精出している。また、仏飯講の催しがあるときは、新聞やテレビなどで宣伝をし、他の地域からの講や祭りへの参加を奨励している。このように伝統的な仏教行事を観光民俗として生かし、地域起こしを勢力的に行うという意義ある活動が行われている。仏教民俗学的にも注目される南九州独特の祭りである。

2 習合宗教系隠れ念仏の祭り

習合宗教系隠れ念仏には、現在知られているのは、鹿児島県始良市牧園町、始良郡湧水町横川に点在・分布する「カヤカベ教」、同県いちき串木野市荒川・羽島に分布する「ダンナドン信仰」、宮崎県都城市に点在・分布する「カヤカベ類似の宗教」がある。ここでは、「ダンナドン信仰」と「カヤカベ類似の宗教」の祭りを報告したい。

㈠ ダンナドン信仰の春祈禱

(1) ダンナドン信仰

前述したようにダンナドンというのは、檀那寺のことで、集落の人々の「隠れ」菩提寺としての性格を持ち、「隠れガン（神）」とも呼ばれている。主にいちき串木野市羽島や荒川の海岸沿いの集落で「ダンナドン」と呼ばれ、荒川の内陸部や羽島の土川では「テラ（寺）」または「ウチデラ（内寺）」と呼称される。いずれにしても菩提寺としての性格を帯びていることが共通する。それに、「ダンナドン」はまた、菩提寺の御神体である「オヤサマ（御祖母様）」をさすこともある。「ダンナドン信仰」は、死人が出た直後の駆けつけや、それに伴う死体を柔軟にするという呪術を中心とした葬送儀礼の中で繰り広げられる。死霊の鎮魂・滅罪機能の強い「隠れた」民俗宗教である。

(2) 実施場所

いちき串木野市荒川・羽島地区の各ダンナドン（寺元）

(3) 伝承組織

各ダンナドンには、専属の「トイナモン」がいる。経文を唱え、呪術力の強い者が選ばれる。

ダンナドン信仰地帯（いちき串木野市荒川・羽島地区）

(4) 由来・伝承

いくつかの説がある。一つは、明治二年（一八六九）の廃仏毀釈以後、初代の「ダンナドン信仰」の布教者が、隣接する薩摩川内市青山町の高貫集落から「ウナッテゴ（鰻手籠）」に仏像や仏具を入れて荒川に持ち込んだというものである。二つ目は「ダンナドン信仰」の経文と類似している宮崎県都城地域の「カヤカベ類似の宗教（ノノサン）」が伝播してきたのではないかということが考えられている。三つめに考えられるのは、荒川の城之園家の「ダンナドン」には御神体として阿弥陀如来三尊像の懸け仏があるが「寛永一九年（一六四二）」の銘がある。前述したように、徳重涼子氏は冨永家文書から天明年間（一七八一〜八九）説を導き出している。そうすると藩政時代のかなり古い頃から信仰されていたということが考えられる。

松崎家「ダンナドン」の「トイナモノン」による春祈禱（いちき串木野市羽島地区）
供え物には信者たちが持参した餅や焼酎・果物などが供えられる。

(5)〔実施内容〕松崎家「ダンナドン」の例を採り上げる。

松崎家の「ダンナドン」では、旧暦一月の五日か六日の日の良い日に「トイナモン」が春祈禱を行い、厄払いの経文を上げる。この日は、厄年の人がいる家から、「ダンナドン」に直径四〜六センチの丸餅に、二〇センチくらいの丸餅と、八つに切った三角餅をムスタ（長方形の箱）に入れて持参してくる。別に御賽銭を入れた半紙を捻って添える。その餅を「トイナモン」が「オヤサマ」に供え、また「ゴブッショ（御仏餉）」や豆腐・大根や蒟蒻《こんにゃく》の入った煮染と小豆の煮物・丸ぼうろなどのお菓子なども上げる。

参詣人は、松崎家の家族、松崎家のある河原集落の厄年祓いや健康祈願を依頼した人々である。春祈禱の順序は、だいたい次のとおりである。

1　「線香立て」の経文を読む。そして、その年の厄年の人の名前と年齢と、それぞれが「マエヤク（前厄）」か「ホンヤク（本厄）」かを読み上げていき、「リン（鈴）」を三回鳴らす。

2　「オサンセンアゲ（御賽銭上げ）」「ゴシュアゲ（御酒上げ）」「オブッショアゲ（御仏餉上げ）」の経文を唱えて、リンを三回鳴らす。

3　「ヤクバライ（厄祓い）」の経文を唱える。

4　また、厄年の人の名前と年齢と、それぞれが「マエヤク」か「ホンヤク」かの続きを読み上げる。

5　「オサンセンアゲ」「ゴシュアゲ」の経文を唱えて、リンを三回鳴らす。

6　「オサンセンアゲ」「オマエモン（御前物）」の経文を唱えて、リンを三回鳴らす。「オマエモン」の経文は、神仏のお前にお供えをしましたというものである。

7　「シホウモン（四方門）」の経文を唱えてリンを三回鳴らし、ある程度時間が経ったら蠟燭と線香を替えるように松崎家の家族に指示する。四方門の経文は、四方の諸神仏に厄を祓ってもらうためのものである。

8　引き続いて、他の厄年の人について、4と同じようなことをする。

9　「家内安全を申し上げます」と言って、松崎家がある河原集落や周辺の集落の家族から依頼された人の名前と年齢を読み上げる。その中には、故郷を遠く離れて暮らしている人の名前や、大相撲の関取になって活躍している人の名前があったりする。

10 「オサンセンアゲ」「チャマツリ（茶祭り）」「センコウアゲ（線香上げ）」「ゴシュアゲ（御酒上げ）」の経文を上げる。

11 最後に「トイナモン」が、「今年の無事、健康をお願いします。有り難うございます、有り難うございます、有り難うございます。ナンマンダブツ（南無阿弥陀仏）、ナンマンダブツ、ナンマンダブツ」と唱え、リンを三回鳴らす。

「ダンナドン」に供えた「ゴブッショ」は、参列した人々で分け合って食べる。それを食べると「お手盛りになる（自分の利益になり、無病息災を得ることができる）」といわれ、皆、喜んで食べ合った。他に松崎家で準備した煮染めや膾《なます》・握り飯などを、皆で談笑しながら和気あいあいとした雰囲気で、お互いに今年の健康と無事を祈りつつ、いただく。その後、供えられた餅を下げ、幾つかを松崎家で貰い、残りは返す。餅を持ち帰った門徒たちは、親戚や知人に丸餅一〇個と三角餅一個ずつを配る。

そして、厄を迎える人は二月三日の節分の日に、十円なり百円なりの硬貨を、自分の厄年の数だけ紙に包んで夜、集落の「タノカンサー（田の神様）」が祀られている三叉路の所で撒いた。拾ったお金をその夜は自分の家の中に持ち込んではいけないとされ、石垣などに隠しておいて翌日使った。

春祈禱は、他の「ダンナドン」でも松崎家と同様のことを行っている。しかし、松崎家の「ダンナドン」は、節分行事を盛んに行っている。羽島の禅寺悟入寺や野元の禅寺良福寺は、かなり距離的に離れた位置にある。そのため、禅寺の節分行事に春祈禱が吸収されなかったのである（森田清美『ダンナドン信仰』二〇〇一）。

12 意義

「ダンナドン」では、いろいろな祭りがあるが、ここでは、松崎家の春祈禱を取り上げた。春祈禱や厄年除けの行事は、近くの寺や神社で盛んに行われているが、「ダンナドン」の「トイナモン」の呪術力と「ダンナドン」という隠れ神に頼ったほうが、効き目があり、経済的でもある。また松崎家の「ダンナドン」に所属している人々の心の支えにもなり、親睦の役割を果たす。

この松崎家の「ダンナドン」の行事は、「トイナモン」である松崎よしえ氏亡き後、松崎家の嫁が細々と経文を唱え続けている。しかし、「風立て」などの呪術は、同じ羽島にある禅寺悟入寺の僧侶が引き継いでいる。悟入寺は、このような民間の「ダンナドン」信仰を受け入れ、消え失せようとしている民間信仰を吸収して禅宗の普及をはかっている。

(二) カヤカベ類似の宗教の御初座

カヤカベ類似の宗教での祭りは、多数あるが、ここでは御初座を紹介したい。

1、御初座

これは毎年一月一日に催される。「ノノサン」（カヤカベ類似の宗教を指すこともあるがその信仰の対象となる神棚）の前に、寺元で搗いた直径二〇センチくらいの鏡餅を、二つの盆に重ねて供える。そして、焼酎一合と直径一〇センチほどの茶碗に入れた御仏餉《ごぶっしょう》（仏に供える米飯。仏飯とも）二つを上げる。御仏餉は山盛りにしないで茶碗の高さと同じようにつぐ。山盛りにするのは、浄土真宗系隠れ念仏の門徒である「ブッド（仏道ないし仏徒）」のしきたりである。また、床には「天照大神」と書かれた掛け軸を飾る。

2、行事の順序

御初座の順序は、次のようである。

(1) 信徒たちは自分の家を出るときは、行く先を家族には教えない。「ケンジャ」にあるいは「ケンジャドン」に行ってくるよとだけ告げる。

この「ケンジャ」は、修験者の「験者」と説く先学もいるが、筆者は、「ゲンゾ」のことであろうと考える。都城盆地一帯や大隅半島では正月十五日に親元に挨拶に行くことを「ゲンゾ（見参の転化）」という。寺元はまた親元ともいい、したがって、寺元である親元の「御座」に行くことを「ケンジャドン」に行ってくるよ、と家族に告げるのである。

(2) 当日、寺元の玄関には、参列する信徒たちが身を清浄にするための盥《たらい》か洗面器が置かれる。都城市下水流町の寺元では「御初座」だけでなく、全員が寺元に集まる他の「御座」でも、前日には夫婦関係は遠慮することになっている。そして、当日は入浴をすませ、身を浄めて洗濯した清潔な着物に着替える。寺元の玄関先の洗面器では、左右の手に水をかけて浄める。そして「イッッシンショウジョウ（一身清浄）」と唱える。

(3) 御初座では、最初に寺元の「ダンナサン」が挨拶を始める。今年も農作物が豊作であり、人や家畜に病気や災難がないように祈りたい旨の話をする。次にお茶祭りをして、ノノサンの神祠の前に屏風を立てる。寺元の「ダンナサン」は屏風の中に入り、蠟燭に火をつけ、香炉に炭火を入れる。線香を一本立て、手を二回たたいてから、神降ろしの経文を唱える。その後、供台の上に餅や御仏餉を飾り、御初座では御供養経文・焼香経文を唱え、香を焚いて「ノノサン」の前を退く。

(4) 次は一般の信徒の焼香となる。屏風でしきられた中に入り、正座して「ノノサン」の前で、二つの香炉の右側から左の順に線香を一本ずつ立てて焼香をし、手を二回たたいてから、念仏を唱える。声は出さない。一人が終わったら屏風の外に出て、座席の次の人に向かって合掌する。次の人は、それに合わせて合掌し、屏風の中に入り念仏を唱える。念仏にかかる時間は一人、二〜三分ぐらいである。下水流町の瀬戸口寺元流れでは最後に寺元の「ダンナサン」、次に奥さんの順で終わる。「ノノサン」への参拝は、古参の男が先で、次に古参の女、その後、男「オヤ（親）」が「コ（子）」を連れて、そして女「オヤ（親）」が「コ（子）」を連れてお参りする。この「オヤ（親）」「コ（子）」の関係は、カヤカベ類似の宗教では、入信儀礼の時に築かれる。入信を願う人は、信頼できる年輩の人に「オヤ（親）」を依頼する。そこでは宗教上の擬制的親子関係が結ばれる。その関係は、一生涯続き、正月や盆の礼は欠かさない。

(5)　念仏が一通り終わったら、用意されていた直系三センチほどの、小さく丸いおにぎりを付けて、人形に似せた握り飯を、寺元の「ダンナサン」の奥さんが参列者に配る。この握り飯を食べ終わると、それぞれの信徒が「シッカイショウブ（悉皆成仏）」と唱える。

瀬戸口グループの御座

一人ひとりによるノノサンの神祠への読経（声を出さない）が終わったら、信者の団結心を示すために回り茶に入る。昔はどんぶりにお茶を入れて回し飲みしていたが、不衛生だということで個人個人のお茶碗に順次注ぐようになった。

(6)　次が回り茶で。「ダンナサン」の奥さんが、各人にお茶を注いでまわる。昭和三、四十年頃までは、直径三〇センチぐらいの大きな茶碗にお茶をいっぱい入れ、それを参列者が回し飲みをしていた。しかし、衛生上よくないということで廃止された。お茶を飲むときも「シッカイショウブ」と唱える。

(7)　次は仏餉回しで、「ノノサン」の前に供えられていた御仏餉（これを三粒米という）をダンナサンの奥さんがシャモジで各人の掌《てのひら》に載せる。それを食べ終わると両手で自分の頭髪を、前から後ろの方に向けて撫でるように払う。そしてお茶を飲む。これを成就のお茶という。御仏餉が三粒米と呼ばれるのは、稲霊の入ったご飯という意味である。これを食べると元気になるという。

(8)「ダンナサン」が神送りの経文を唱える。

(9)次が餅配りであるが、十二月三十日に、信徒たちが、直径二〇センチくらいの鏡餅を寺元に持参する。寺元では、三宝《さんぼう》に載せて「ノノサン」に供える。その際、新しく入信した人の餅を一番下に置き、次々と上に重ね、入信した時期の古い人の餅が一番上にくるように積む。今は鏡餅が配られるが、昭和三、四十年頃までは藁《わら》切りで、餅を八等分に切り、三角餅にして数個ずつ配られた。その三角餅を家に持ち帰って子供たちに食べさせる時は角《かど》を取って、神様の餅だよ、と言って焼いて食べさせた。

(10)ここで、「ダンナサン」は屏風をたたみ、香炉や蠟燭立て、数珠などの仏具を格納する。香炉の灰は、近くの火鉢の中に入れる。

(11)それから直会《なおらい》となる。ビールや焼酎が配られ、豆腐や白菜をいためた料理が出る。また、鶏卵・かまぼこ、椎茸・葱の入った吸い物も出される。この場で「ダンナサン」は次の行事や、今年度の重要事項について計画を提案し、話し合いが始まる。

3　経文

さて、「ダンナサン」をはじめ各信徒が唱える経文は次のようなものである。

「抑《さて》モ、御初座ト申スハ、アゼ（阿字のこと）十方三界ノ、ケジョ（化生）アンダ（阿弥陀）ノ、ショウブ（成仏）、歳徳《としとく》ハ、オット（オミトウ、すなわち御御堂《おみどう》のこと）ノ前ニ開ク」

この経文の解釈は難解であるが、阿字については前に述べたが、梵語の始まり、根本を意味する（石田瑞磨　一九九七）。十方は、東西南北で、三界は、仏教の世界観で、生死流転する世界を三つに分けたものである。ケジョは四生の一つで母胎や卵殻などによらないで、忽然として生まれることであるが（石田瑞磨　一九九七）、ここでは、極楽往生の生まれ方の一つと解したい。

すなわち、そもそも、御初座と申しますのは、十方世界の極楽にお生まれになった阿弥陀如来の前に成仏するようにお願いします。その垂迹神《すいじゃく》である歳徳神も、ノノサンの御御堂を開けば、現れ、我々信徒を救ってくださいますように。

以上、「御初座」の形態は、全員が集合する、他の「御座」とも共通する。

さて、下水流町の瀬戸口寺元流れと、同じ下水流町平原の亀沢家寺元流れ（註・寺元が一家に固定している場合は「家」をつける）の「御初座」の経文は次のようなものである。

「明キノ方ヨリ小袖ノ下ヲ潜リ来テ、御初ノ神、御初ノ如来、ナムアミダ」

「明キノ方」というのは、その年の年神、すなわち、歳徳神がいる最も縁起の良い方向で、陰陽道の知識として広がった用語である。そのため、方位は、「その年の十干」で決まる。「御初ノ神」と「御初ノ如来」に今年の招福を祈願しているが、ここでは、本地垂迹思想によれば、阿弥陀如来が本地で年の神が垂迹真となる。最後に「ナムアミダ」と阿弥陀如来への念仏を唱え、明きの方から来た年神を降臨させて、祈願をしているのである。

第二節　隠れ念仏と日待の意味

――怨霊となってこの世に現れた隠れ念仏門徒
鹿児島県いちき串木野市のA家の事例を中心として――

六十六部殺しと一門講の宮崎県の例は、拙著『霧島山麓の隠れ念仏と修験』（二〇〇八）と『隠れ念仏救い――ノノサン信仰』（二〇一〇）で報告させていただいた。この種の一門講が、鹿児島県霧島や姶良地方に入ると日待の行事と濃密に習合する。しかし、日待とはいっても、先学が定義したり、あるいは事例を示して説いている形態と性格、目的が、やや違うのではないかと思われる例に最近、遭遇した。鹿児島県いちき串木野市大里A家の事例を紹介し、参考として、霧島、姶良地方、宮崎県の事例をあげて、愚見を呈してみたい。

1　怨霊になった隠れ念仏門徒――日待行事の背景――

いちき串木野や薩摩川内地方は、日待の行事が少ない地域である。日待の性格を持つ庚申待が盛んな地域であるからであろうか。地神盲僧による日待があったことは、時々聞かれる地域でもある。しかし、現在でも、極秘に、厳格に続けられている事例がある。A家では、現在でも日待を執行しているが、その理由に関しては次のような伝承が残されている。A家は市来郷の重要な役職を代々受け継いできた家柄である。

薩摩藩政時代、天草（現在の熊本県天草島）から、A家に「ロクッドン（六部殿。六十六部のこと）」がやってきた。彼は、鞍作りの職人として優れていたので、A家では早速雇い入れることにした。馬小屋を仕事場にしながら数日間滞在した。A家の当主は、その職人を厚くもてなし、二十歳に手の届こうとする美しい黒髪の下女、お光が、かいがいしくも彼の面倒を見ていた。

その日の鞍作りの仕事がすむと、その職人は毎夜、倉に集まった当主やその家族、お光たちに仏の心や親鸞聖人の話をし、人の道を説いていた。A家の人たちは、一家揃って彼の法話を聞くうち、薩摩藩の厳しい一向宗禁制のことも忘れていた。法話を喜び、秘かに倉の中で「南無阿弥陀仏」を唱えていた。実は、この六部は、鞍作りに変装した隠れ念仏の門徒であった。肥後の国から薩摩に秘かに入り込み一向宗【註1】の布教に努めていたのである。

鞍作りの仕事も一段落し、いよいよ彼が出立する日がやってきた。その日、一家は門まで見送りに出た。一瞬、当主が、家の中に引き返した。刀を持ち出してきたのである。もしも、この六部の法話の集まりのことが薩摩藩の役人に聞こえたらA家は身の破滅という危惧を感じたのである。薩摩藩は、隠れ念仏門徒を、農民や漁民、町民に対しては厳しく取り締まるとはいっても寛容な一面もあったが、支配階級である武士に対しては、獄門かお家取り潰しになることが多かった。

鞍作りは、ただならぬ当主の気配を感じ、懸命に逃げ回った。そして、丸桶の中に身を隠した。当主は、家人を手伝わせて行方を追い、くまなく探した。お光は垣根の下で怯えていた。鞍作りは、丸桶の蓋をそっと開け、助けてくれと両手を合わせながら、お光に哀願した。しかし、当主に問い詰められたお光は、身を引き裂かれる思いで、桶の方を指さした。とっさに走り寄って、蓋を取った当主は、桶の縁に爪をかけ、しがみついている鞍作りを一刀のもとに切り殺した。死骸を桶の外に引きずり出したが、爪だけは生への執着を示すように、桶の縁にくっついたまま離れなかった。

一ッ瀬（瀬脇〈市来海岸の南端〉）

亡霊はお光を一ッ瀬まで連れ出した。翌朝、瀬の上には、お光の髪の毛と爪がきちんと揃えてあった。

後日、当主が外出して留守の夜半、門の外から、お光を呼ぶ声がする。てっきり当主と思って門を開けたところ、亡霊がニューと出て来て、お光の後ろ髪を引きずり、瀬脇（市来海岸の南端）の一ッ瀬まで連れ出した。翌朝、A家からその瀬まで赤い血と白い血が点々と続き、瀬の岩の上にはお光の髪の毛と爪がきちんと揃えてあったという。途中、「イガワンサカ（井川の坂　井戸がある坂）」には、お光の爪が残っていたという。

それは、底冷えのする霜月二十七日のことであった。お光の死後、A家には災厄が続いた。当主は、鞍作りとお光の怨霊が成仏できないのではないかといってA一族を集めて相談し、供養をすることになった。

2　日待行事の内容

以上が、その理由のあらましであるが、それでは、A家の日待の内容を順を追って見ていってみよう。

A家の阿弥陀如来像

(1)　A家の日待祭日

日待は、A家では毎年、霜月二十七日に極秘のうちに行われる。その日は、「カンマツイ（神祭り）」といってA家の氏神祭りの日でもある。日待が、神祭りと同時日であることが、日待行事を秘密に執行するには都合がよかったのである。氏神というのは、A家の先祖を祭るのであるが、A家では「オカノンサー（御観音様）」

と呼んでいるお堂である。しかし、これは、棟札によれば、阿弥陀堂であることが分かる。なぜ、阿弥陀堂であるのに観音様と言っているのかも謎であるが、阿弥陀仏の脇仏である観音仏も阿弥陀仏と同様に信仰されることも多かったからである。

阿弥陀堂の中には、高さ二四センチほどの精巧に彫られた阿弥陀如来石像が鎮座している。その側には、次のような棟札が残されている。

（表）

聖主天中天
迦陵頻阿《(ママ)》聲
奉再興阿弥陀堂一宇
哀愍衆生物
我等今敬礼

右奉為
大檀主薩偶日三州太守
御武運長久御息延命国家安全
殊ニ者当郷中諸難銷除邪気退散
念願成就故他力志処者郷中講物
以奉造立者也宝暦十三癸未七月吉日

（裏）

大工　川畑仲蔵
同　　中島喜三次
堂主　萩原善右衛門

御仏躰作者　東郷幸積寺良丹和尚
但古札不文明故
安政四年巳十一月諸改

この棟札から次のことが分かる。

① 「他力志処者郷中講物以」とあるが、「他力志のところは、郷中の講のもので以て」と解したい。他力志とは講の人々の宗旨であるという意味だと分かる。

他力本願は、阿弥陀仏が、一切の衆生を救済しようとして起こした誓願である。他力とは、みずからの力によらないで仏・菩薩の力によって救われることである。浄土宗の開祖法然は、「本願の称名を心をこめて続けていくことが他力本願に乗ることが出来る」と説き、他力・易行の道を説いている。法然の教えを引き継いだ親鸞は、弥陀の本願を信じて頼ることが他力だと説いている（伊東唯真「他力本願」一九九一）。

この棟札から、A家のある村には阿弥陀講があったことが分かる。浄土宗だけでなく、浄土真宗の影響があったことが推測される。

② 同時に、阿弥陀如来に、「当郷中諸難鎖除邪気退散」を祈願している。現世利益の願いである。ともすれば自力本願につながるもので、蓮如《れんにょ》上人などは、門徒からの質問になやまされている。

この棟札を見て、当時の人々は、浄土宗とか浄土真宗の区別、他力や自力の区別を意識することもなかったのではないか。薩摩藩の役人でさえ、何故、一向宗禁制なのか分からなかったといわれる。

薩摩藩は、一向宗は禁制にしても浄土宗は許していた。というより、むしろ優遇した時代もあった。そういう状況下において、秘かに、隠れ念仏である一向宗を信じていた人も多かったことが推測されるのである。

③ なお、この阿弥陀如来像を彫ったのは、薩摩国薩摩郡東郷の幸積寺《こうしゃくじ》の住職、良丹ということである。正式には不二山幸積寺で東郷の南瀬城が原にあった。曹洞宗で鹿児島城下福昌寺末。本尊は地蔵菩薩（一説には釈迦如来）。始めは藤川庵袋の地にあって藤川天神の別当寺であった。後に、寛文六年（一六六六）再興。良丹の名は、何世かの住職名にも、位牌名にも出てこない。一住職であったのであろう。幸積寺の南は、川内川にのぞみ、船の往来が絶えなかったという。良丹和尚は、市来は港町であるので、船で往来したものとみられる。

(2) 日待の料理など

当日は、二つの大きな陶器製の碗に、三六五個の餅を、半紙を底に敷いて入れて、床の間に供えた。それに、焼酎の入った三枚の笹の葉を刺した二つのかんびん（酒の燗をするびんのこと）も供えた。

日待の料理は、「アカンメシ（赤飯）」、星の餅の入った「おすまし」「けんちんじる」「ひじきのいため」「なます」、大根や人参、里芋などの入った「煮染」などである。「アカンメシ」を炊く時、竈《かまど》で火を焚く人は決まっている。その時、話をすることは禁忌である。火が汚れるからである。そのため口にシバ（木の葉）をくわえる。

「けんちん汁」は、大根や人参、さといも、揚げ豆腐を「サイノメ（賽の目）」にして煮た。その後、油でいため、全体を大きな鍋で、砂糖、醤油、地酒を入れて味をつけた。鹿児島では、けんちん汁は盆料理を代表する料理である。

日待の前日には、近くの人たちが加勢に来てくれた。

(3) 日待当日の状況

日待のときはA家七戸の一族だけでなく池の原（イケンハイ）という集落のA家小作人が全部、夕方に集まった。その日は、米の上納の日でもあった。上納に来た人たちは、庭に敷いた筵《むしろ》に座って、ご馳走を食べた。

「アカンメシ」は近くの人たちにも振る舞われた。つりん葉やふだんそうの葉を手にして、「アカンメシ」を入れてもらった。これを「アカンメシモロ（赤飯貰い）」といった。ほかに白菜、キャベツ、桑の枯れ葉を持ってくる人もいた。このことをA家は「お布施」と考えていた。子供たちは行儀良く並んで待っていた。また、その日は、味噌樽にあった味噌や醤油樽に入っていた醤油も、いつのまにか無くなるものであった。日待にやってきた村の人たちが持っていったのである。しかし、A家の人たちは、決して怒らなかった。これもお布施だと。

上納の米は馬に背負わせてやってきた。その米は、A家の蔵に入れないで、近くの焼酎屋に持って行ってもらい、その代金をA家は焼酎屋から受け取った。

しかし、『明治卅四年五月十二日、旧三月廿四日　備忘録』には「一　耕作料ノ内ヨリ日待等ニ使用スル餅米ヲ耕作人ヨリ上納セシムル様申伝フベキヤ否ヤ」と記されている。上納される米でも餅米は、希少で高価なものでもあったので、日待のために、餅米を上納させるかどうか、当主が悩んでいたことが分かる。小作人に対する気配りが、窺える。

A家一族の人たちには家の座敷に上がってもらい、高膳にご馳走を供え、振る舞った。高膳は、一人につき三つあった。それを「一の膳」、「二の膳」、「三の膳」といった。

(4)　岡登り

当日夜は、一族の参加者が床の間に向かって各自、礼拝をすませてから、料理を食べ、焼酎を飲んだりして話がはずんだ。話の内容は時事問題が多かったという。A家一族は、医者や役人、事業経営者などが多くて、教養が高く、話し方のうまい人たちが多かったからである。

夜中の丑《うし》三つ時、午前二時の頃になると、当主をはじめ数人のA家の人たちが「ハイ」と言って立ち上がった。お光がいなくなった一ッ瀬に参るためである。先ず、近くの砂丘、岡の原に登る。これを岡登りという。金物はいけないというので金属のついた羽織は脱いだ。鞍作り（六部）をあやめた刀に因んだ禁忌であろう。にぎり飯を四十一個準備した。

岡に登って行く時は、下げ重を持って行くことになっているが、重の中には、米（一升五合）・

塩・焼酎を入れた。それは、女たちが準備した。準備ができたら「準備ができました」と男たちに伝えた。女性は岡に登ってはいけないという禁忌であったので、家で待っていることになっていた。

岡に向かう時は、白い着物を着て行くが、話をしてはいけない。沈黙を保ったまま歩いた。途中で、二枚に開いた木の葉を採る。木の葉の種類は問わない。その上に米、塩、赤飯を載せ、松林の中にあるあやめられた隠れ念仏門徒とお光の墓に供える。岡の頂上を越えて、少し下った広場の所では、十数人が落ち葉で火を焚いて暖をとりながら、にぎり飯やナマスを食べた。深夜ではあるが、集落の人たちで起きている人たちは、足音が聞こえたら「Aどん（殿）が岡にノボイヤッド（登られるぞ）」と言って、家の中では、静粛にし、足音のする方向に向かって頭を深々と下げる。決して、騒いだりしてはならない。

A家では、その日待の日が、どのような天候であっても参詣は欠かしたことがない。現在の当主の父親の時代は、雪が五〇センチ以上積もり、歩いて行くのが大変困難であった時もお参りを欠かさなかったという。

(5) 荒波がおし寄せる一ッ瀬でお光を拝む

岡に登るのは十数人であるが、その中でA家の当主は、いっときして、お光が亡くなっていた市来海岸沖の一ッ瀬に向かって下って行く。霜月二十七日であるので、月の出はない頃で、真っ暗闇である。砂浜を通ったら、干潮の時は、一メートル六〇センチほどの高さの瀬が立っている。

そこに着いたら、「アカンメシ」と「生米」、焼酎の入った二つのかんびん、塩を供える。生米は、途中で採ってきた二枚に開いた木の葉に載せた。焼酎は瀬に上からかけてやった。そして、海の方に向かって、手を合わせ、声は出さないで拝んだ。

潮の関係で、水深が深くなり、一ッ瀬までは、なかなか行けない場合が多かった。何とかたどり着き、赤飯でも供えることができたら、A家一族は喜んだという。その後、岡の方に向かって帰るのであるが、その際、後ろは振り向かない。亡霊が現れるからだという。

代々の当主は、決して後ろを振り返ったことはないという。行く時は、波の音がするので「一ッ瀬」に向かって降りて行きやすいが、帰りは暗くて、皆が火を焚いている所まで、なかなかたどり着くのが難しい。生い茂った松林の中の火が見えないのである。当主が帰ってきたら、待ち望んでいた「アカンメシ」を貰って食べる。食べ終わる頃は、遠くの空が白々となってくるものだった。それは、午前五時から六時の頃である。

家に帰り着いたら、A家の庭に祀られている阿弥陀堂に、岡の上で採った二枚に開いた木の葉に米と塩、赤飯を供える。

(6) 帰りついたら盆の料理

家に帰ったら、女衆が盆の料理の準備をしていた。数々の野菜が入った「カッノコンシュイ」(新大豆や炒り豆腐、数々の野菜の入った味噌汁　今村知子　二〇〇四)を食べた。ここに日待が肉食でなく精進料理でなければならないという禁忌が見られる。

日待といっても、日の出を拝むことはなかった。一晩、夜を徹して霊を供養し、鎮魂しているのである。

(7) お光と満尾家

女中のお光は、日置郷の帆ノ港（現日置市日置）の満尾家からきていた。お光の死後、満尾家でも不幸が続いた。神様（占い師）に占ってもらったら、あなたの家の先祖に「お光」という人がいて、A家に奉公に行っていた。不幸な死に方をしたので、墓参りをしなさい、と言われた。A家のお光の墓を拝みに行ったところ、不幸は絶えた。その後、満尾家は、A家の日待に夫婦で参加するようになった。

(8) A家は門柱は立てても門戸は作らない

門の外から、当日外出していた主人の声で「今帰ったぞ」という声がした。てっきり当主と思ったお光は門の戸を開けた。その直後、鞍作りの怨霊がお光の後ろ髪を引いて一ッ瀬まで連れ出した。そのため、A家では、代々門の戸は作らないことになっている。車社会になったら、かえって便利になった。

(9) まとめ（話者：A家の人々。参考『市来郷土誌』）

これまで、隠れ念仏門徒と女中であるお光の怨霊を鎮めるための日待の原因と行事の内容について述べてきた。

この話は、第一に、殺された鞍作りの怨霊が、海の妖怪である磯女の話と習合あるいは混同しているので恐怖心が増してくる。磯女は九州西海岸部に伝わる船幽霊の一種である。イソオナゴともいう。トモ綱を伝わって船に乗り込み、人の血を吸うという。トモ（艫）は、船尾のこと、トモ綱は船尾につながっている綱のことである。その時は、トモ綱を切って逃げるとよいという薩摩川内市の上甑島では、漁船をよその磯岸に泊める際、決してトモ綱はつけない。それは、磯女が綱をたぐって船に乗り込んでくる恐れがあるからだという。

磯女から血を吸われたという怪談は九州の西海岸地帯に分布している。また、船幽霊が浜に上がって来た話が、一ッ瀬のある瀬脇（市来海岸の南端）にある。船幽霊に追われた男が、麻の緒で編んだ網に隠れた。船幽霊は、「アサアン（麻網）に隠れた」「アサアンに隠れた」と叫びながら、一晩中、麻網の周りをまわっていた。男は、辛抱強く網の中でじっとしていた。そうするうちに東の空が明るくなり、船幽霊は消えていったという。

鞍作りの怨霊に引きずられて、赤い血と白い血が点々としたたり落ち、お光の髪の毛と爪が、一ッ瀬の岩の上に揃えてあったというのは、隠れ念仏門徒の怨霊と磯女の血を吸う磯女の幽霊とが習合したものである。市来は藩政時代から貿易港であったため、妖怪談など昔話、伝説などが他の地域から伝わりやすかった。因みにA家では、お光は、責任を感じての入水《じゅすい》（入水自殺）だった、とも言い伝えられている。

第二に、A家は、市来郷の噯【註2】や組頭【註3】、横目【註4】などの所三役という重要な役織を代々、受け継いできた家柄である。特に、横目は、隠れ念仏の取り締まりを厳格に行わなければならない役目を負っている。したがって、隠れ念仏である一向宗門徒、すなわち浄土真宗門徒と知ったら取り締まらなければならない。ましてや、倉の中で一向宗門徒の法話を聞いたとあっては、それが藩庁に知れたら、お家取りつぶしである。したがって、A家の日待の供養対象者を女中、お光に重点を置いたほうが都合が良かった。一向宗とは何ら関わりがなかったという理由からである。

ここにも民俗信仰における内面化と外面化が見られるのである。

3 「日待」とは何か――まとめにかえて――

鹿児島県の姶良や霧島地方、宮崎県では、非常に日待の行事が多い地域であることは前述した。一門講や一族で行うものだけでなく、集落や青年団でも行っている。なかには、火災が起こってから、火災除けのために一家で日待を実施し始めるところもある。形態としては、日の出を待ち、太陽を拝してから解散するものと、午前零時を過ぎたら、日が変わったと認識し、解散するものがある。

筆者は、先祖にあやめられた宗教者を供養する一門講と日待が習合している形態を霧島、姶良地方で追ってみた。それには、必ずしも、夜を明かして日の出を待って、拝することがない事例が多かった。それが、本来の形なのか、崩れた形態なのかは分からない。なお、宮崎県都城市にも一門講が多く、筆者も参加してみたが日待ちとは言っていない。

そこで日待とは何かを探るために、一門講として先祖によって、あやめられた宗教者の供養と浄化を目的とする日待の事例を見ていってみよう。

最初に断っておきたいが、先祖が、宗教者をあやめたという伝承は、必ずしも史実ではないものが多い。これまで民俗学の先学が説いたように村の周囲の人たちが創作したり、シャーマンが語った事例が大多数なのである。そうして負の心を抱いた一族は、霊への供養を重ね、浄化して守護霊化し、繁栄していった事例が多い。

【事例1】霧島市国分木戸B家

B家では、毎年旧暦十月一日に一門講として「ヒマッコ（日待講）」を行っている。その由来については次のような話が残っている。

昔（藩政時代）、家の近くを通りかかった山伏を、ある理由でB家の先祖があやめてしまった。その後、山伏の霊が祟り、B家一族は火による災難が続いた。そこで、台明寺《だいみょうじ》【註5】の住職によって霊を鎮めてもらった。その後、火難がなくなったという。山伏をあやめた日が旧暦十月一日であったので、その日を「日待講」として今も続けられている。

B家の日待は、元々、本家で行われていたが、その後は、巡廻りになった。当番になった家は昼間から忙しく準備に立ち回る。神床に大きな榊の枝をくくり付け、新しい注連縄を張り巡らす。

そして神前に米や水、塩、野菜、果物、餅と里芋のデンガク【註6】を供える。餅は、直径七～八センチ。参加人数分作る。支度が調ったら夜の講を迎えるのであるが、皆は、夕食をすませてから集まってきた。近くの日枝神社【註7】の神官を呼んで、最初に神事が行われる。それが終わってから餅と里芋のデンガクを食べながら懇談をする。夜の十二時を過ぎてから、皆、外に出て手を洗い、東に向かって礼拝し、解散する。

聞き書きによると、夜の十二時を過ぎてから解散するというのは、明くる日を待つという意味であるからだという。十二時を過ぎたら、翌日になるという考え方である。必ずしも日の出を待つということを意味していないことに注意したい。座本を引き受けるには、夫婦が揃って健在でなければならない。しかし、そのような条件をつけたら、高齢化や過疎化により、座本の引き受け手がなくなっていった。

『国分郷土誌』では、台明寺の住職を呼んで鎮魂したとなっている。しかし、集落の人々の話では、台明寺一山の守護神である日枝神社だという。B家に火難どころかいろいろな不幸が続いた。どこの寺の住職や神社の神官に祀ってもらっても、不幸は止まなかった。村人はどうしたものかと悩んだが、日枝神社の神官を呼んで鎮魂をしてもらったら災厄がなくなったという。

現在は、その集落にはB家の本家はなくなったが、分家の人たちが旧暦十月一日に日枝神社に、お参りに行っている。

【事例2】霧島市牧園町E家の「オヒマツ（御日待）」

E家の日待は、先祖によりあやめられた高野聖の供養のためである。これは、拙著『霧島山麓の隠れ念仏と修験道』でも紹介したが、由来については『郷土誌牧園町』の「聖神社由来記」を見ていってみよう。

明和年間（一七六四〜七二）、牧園郷下中津川村（現在の霧島市牧園町）の庄屋D家には、村でただ一つの井戸があった。近くの女たちが集まって井戸端会議をやっていた。そこに高野聖（一説に山伏または六十六部とも）が通りかかった。霧島神宮参りのためである。彼は、大変音色の良い赤銅のリンを持っていた。そのリンを下中津川C家の子供が欲しがり離さなかった。やむなく、それを売ってくれと頼んだが断られた。そこで争いになり、高野聖は、相手を負傷させて逃げた。そこで、C家、D家、E家の三家から追手がかかり、約六キロ離れた持松の聖原まで追いかけて、その高野聖をあやめてしまった。聖原にある墓地にはその由来と、C家、D家、E家の三家は、六十六部の霊を供養するために、毎年旧暦十月十日にお日待をしている旨が記されている。

さて、三家のうち、筆者は過疎化や離散などによりE家一族のみの日待についての民俗調査が可能であった。E家では、毎年、十二月二十五日頃、「オヒマッ（御日待）」をした。昭和二十年代の頃まで行われていた。しかし、E家一族の人たちは、その日待の由来についてはあまり多くを語りたがらない。あやめられた高野聖の供養のためというより、先祖が、川辺から移住してくる前、人をあやめたという伝承は残っている。そのことは秘密にしておけといわれていたという。直接の日待の目的は、火難除去のためであるとされる。

当日は、座本では餅を搗き、煮染などの準備をする。皆、夕方八時から九時頃、座本に集まる。その日は近くの神社から神官が呼ばれ、最初に神事が行われる。その後、皆は、大根や人参、揚げ豆腐の入った煮染や付け揚げなどを食べ、焼酎やお茶を飲んで懇談をする。直径三〜四センチの丸い餅や里芋を串に刺したものを神様に供える。残りを、囲炉裏の灰にさして炙《あぶ》る。焼けたらゆず味噌をつけたデンガクにして食べる。十二時がまわったら、解散した。この日待も翌日、講員が交通事故を起こしてから廃止になった。夜、遅くまで起きていたために寝不足が原因だったという。車社会になって、日待は時代に合わなくなった。しかし、E家一族の団結と融和には貢献した講であった。E家一族の集落では、日待だけでなく二十三夜待とか田の神講、山の神講など催しているが、皆が和やかになり、集落の話し合いもうまくいくという。

【事例3】宮崎県五ヶ瀬町の日待ち

五ヶ瀬町は宮崎県北西部に位置し、九州山地の山間地帯。大石・宮の原などの各集落で行われ、土地の人々は「おてんとさん」と呼ぶ。祭神は天照大神、その年に収穫したその年に収穫した作物を輪番の民家へ持ち寄り、祭壇（棚）を作って供える。大石では、集落の鎮守で松明を焚き、親善相撲を奉納する。「お日待ち神楽」も舞う。旧暦十月十四日の厳しい寒さの中で、人々は太陽が山の稜線にあらわれると合掌し礼拝する（『宮崎県史』資料編　民俗２）。

【事例４】宮崎県都農町の寺迫の日待ち

都農町寺迫集落では、「お日待ち」は年ごとに集落の民家を宿元としている。祭場は宿元の神前にしつらえ、四方に榊を立て注連縄を張り、中央には日天・月天、観音の軸をかける。祭日は十一月二十三日五穀豊穣に感謝する。終わりに白ごくを順次廻して会食する。これを食べると年中の災厄を払うという（『宮崎県史』資料編　民俗２）。

なお、宮崎県都城市には一門講が多いが、守護霊化に重点が置かれ、日待ちの概念は薄い。

以上Ａ家、Ｂ家、Ｅ家、宮崎県五ヶ瀬町、都農町の五つの民俗調査、文献資料の事例から次のようなことがいえるのではないか。

日待は、必ずしも、日の出を拝むのが目的ではない。そのために徹夜をするのではないことが分かる。

Ａ家では、一向宗禁制時代に、あやめられた一向宗門徒と女中、お光の供養行事に重点が置かれている。一晩中、浄化儀礼を行うために、二人の死霊と一夜をともにすることに目的がある。夜明けに精進料理を食べるが、それは命日の行事である。そのために、現在でも、厳格に日待行事が行われている。そうすることによって、Ａ家には、大きな災厄がないし、一族が栄えているという。

B家も同じで、死霊の浄化に重きが置かれている。夜の十二時を回ったら、手を洗って東の方を向いて礼拝してから解散する。その日待を執行することにより、一族に災厄がなく、栄えているという。

E家は、夜の十二時を迎えると解散した。

姶良や霧島地方でも、日の出を拝まない日待の事例が多い。村日待や青年団の日待では、夜を徹して籠もり、日の出を拝むという例が多い。一種の太陽信仰で、その年の豊作祈願と感謝の意味が含まれていると説明する古老もいる。

宮崎県五ヶ瀬町では、太陽が山の稜線にあらわれると合掌し礼拝をする。ここには日待ちの原形が残されている。

宮崎県都農町寺迫では、供えられたゴク（御供　ここでは米の飯）を食べて年中の厄を祓う。日待ちの原形は残されていない。

「ヒマチ」というのは、本来は、日の出を拝むという太陽信仰に意義を見いだすのではないか。「マチ」というのは、特定の日に人々が集まり、夜を徹して籠もり、神とともに過ごすことに本来の意味があった。日の出を待たないで、あるいは、拝むことなく解散したのが、必ずしも堕落した祭事形態ではなく、本来の姿であったのではないか。いちき串木野市大里のA家の事例を見ればよく分かる。

柳田国男も「神と共に〈おそばに居る〉こと、すなわち神とともに夜を明かすことであったのが、後に〈待つ〉ことだと思うようになった」と述べている（柳田国男「年中行事覚書」一九五〇）が、重要な指摘であると思う。また、桜井徳太郎も「月待や日待はこれを総称してマチゴトともよばれているが、そのマチは、祭礼を意味する語、マツリとともに「傍らに居る」という意味であったといわれる。月待も日待もまた祭りの一種であった」（桜井　一九六二）と述べている。いちき串木野市のA家では、一ッ瀬に参った後は、精進料理を食べた。肉食でなく精進料理でないといけないという禁忌がある。ここに日待がいかに厳しいお籠もりの行事であったかが窺われる。桜井は「現在の行事から信仰の原点を太陽崇拝に求めることは難しく、日待の本義はあくまで精進潔斎してお籠もりをすることにある」（桜井　一九九八）と日待の本義について鋭い指摘をしている。

もっとも、修験道では、夜ごもりをしながら日の出を待って供物を供え、読経・修法をして、除災・家門繁栄などを目的として行う祭りである（福島邦夫「日待」）。太陽を神格化した日天子を拝し、敬礼することに重点が置かれる（『修験故事便覧』）。『修験深秘行法符咒集』十巻「日待の大事」によると、日輪の中にウン字を三遍書すべし、ただし中指にて書すべし」とある。次に「日輪の印にて唱へて曰く」「東方に向ひて三拝す」などの文が出てくる（服部如實編『修験道要典』一九七二）。

日の出を待って護摩を焚き、集合的高揚による一体感の醸成をねらいとする修験寺院の御日待の事例もある。「待ち」に重点が置かれてきたことは確かであろう。後になって民間もその影響を受けたと思われる。

【註】

1 **一向宗** 一向専修を宗とする浄土教系の宗派。最初、一遍の時衆を一向宗といっていた。しかし、親鸞を宗祖とする浄土真宗の門徒もまた、一向専修を宗旨とするため一向衆と呼ばれ、混同された。後世、むしろ親鸞の門流を一向衆と称するようになった（北西弘 一九九一）。

2 **噯** あつかい。外城である郷の首長で数名が任ぜられ、郷政を総攬する。天明三年〈一七八三〉に郷士年寄と改称し、慶応元年〈一八六五〉に再び噯の旧称に復した（原口虎雄『鹿児島県の歴史』一九七三）。

3 **組頭** 郷内の士を数組に分け、その頭役として、郷士の教導および外城の警備にあたった（原口虎雄『鹿児島県の歴史』）。

4 **横目** 庶務取り次ぎおよび検察・訴訟のことにあたる（原口虎雄『鹿児島県の歴史』）。

5 **台明寺** 竹林山衆集院台明寺のこと。国分郷山路村にあった。国分弥勒院の末で天台宗。本尊は阿弥陀如来。夾侍観音菩薩と勢至菩薩（『三国名勝図会』巻之三十二）。

6 **デンガク** 餅やふかした里芋などにゴマ味噌やユズ味噌を付けて火で炙って食べる料理である。

7 **日枝神社** 日吉山王社のこと。霧島市国分山之路字「フズ（不動）」に鎮座。祭神は大山咋命（大己貴命）で、例祭は十一月末申日。台明寺一山の守。

〔参考資料〕

お日待ちの碑

　宮崎県都城市高城田尾

（銘）

奉御日待供養成就所、今世安穏、後生善所、旹寛文十一　辛亥天九月廿日、施主大衆坊敬白

　※註　寛文十一年は一六七一年。都城市にも寛文年間（一六六一〜七三）の頃は「日待」の事例があったことが分かる。

『高城町史』三八八頁

一、六、九の月の吉日を選び、豊作を願う百姓たちが、集まり、日の出を拝んで祈りを捧げる行事であった。

4の章　一向宗禁制と武士階級

——その断面——

第一節　日置島津家と隠れ念仏

——日置八幡神社のデオドン（大王殿）面——

1　デオドン（大王殿）のお出まし

(1)　日置八幡神社の創建

日置八幡神社の創建年代は不明であるが、正中元年（一三二四）の日置北郷下地中分《ほんごうしたじちゅうぶん》の時に「庄内の八幡前の放生会《ほうじょうえ》馬場より以南を領家方、以北を弥勒寺《みろくじ》領方とする」ことが定められている。日置荘《ひおきのしょう》の本所《ほんじょ》（名義上の所有者）である弥勒寺は豊前国《ぶぜんのくに》（現在の福岡県東部と大分県北部）の宇佐八幡の別当寺であった。日置八幡の別当寺は安養院《あんよういん》弥勒寺である。弥勒寺は永禄十年（一五六七）の開基《かいき》で本尊は阿弥陀如来である。増慶法師《ぞうけいほうし》の開山で、鹿児島城下真言宗大乗院《だいじょういん》末寺の尼寺である。そうするとこれ以前から日置八幡は存在していたことになる。何回か改築されているが古くは永禄十年の記録がある。文禄四年（一五九五）には日置島津家三代常久《つねひさ》が八幡神社を領内総鎮《ちん》守《じゅ》（地域集団を守る神社）と定めている。日置島津氏は薩摩藩の私領、家格としては一所持《いっしょもち》（一所すなわち一郷の領主）である。

日置八幡神社の祭神は、天照大神《あまてらすおおみかみ》、天津彦彦日瓊々杵命《あまつひこひこににぎのみこと》、栲幡千々姫命《たくまんちぢひめのみこと》、仲哀《ちゅうあい》天皇、応神《おうじん》天皇、神功皇后《じんぐうこうごう》の六柱で、仲哀天皇以下の三柱は明治四年（一八七一）、川内（現薩摩川内市）の新田《にった》神社より勧請した。

(2) 旧暦九月十五日の正祭に登場していたデオドン（大王殿）

それでは、デオドン（大王殿）お出ましの歴史であるが、『三国名勝図会《さんごくめいしょうずえ》』巻之九には、次のように記されている。

「九月十五日を正祭とし、竹偶人《たけぐうじん》を作り、〈社殿に納むる所の大王面を着け、梅染の衣服に、大なる木刀を佩《は》く〉四輪車に乗せ、里童をして前路を馳《は》せしむ、又五月六日に祭りあり、土俗及び隣郷より踊を興行するを数隊なり、既にして、神輿《みこし》を田原〈地名《（ママ）》〉へ護り行くの旧式あり」

これによると、正祭は九月十五日の放生会《ほうじょうえ》で、この時、大王面を着けた竹偶人がお出ましになっている。一方、五月六日のお田植祭では、神輿が田原を護りに行ったということが分かる。秋の放生会に大人形が登場するのは、岩川《いわがわ》八幡や的野《まとの》八幡（宮崎県都城市山之口町）、田上《たのうえ》八幡（宮崎県日南市）の弥五郎殿行事と同じであった。放生会では、流鏑馬《やぶさめ》が催されていた。永田氏の系図から寛永年間（一六二四〜四四）には流鏑馬が催されていたことが分かる。

(3) お田植祭への登場

それでは、いつの頃から、五月六日のお田植祭が正祭となり、この時にデオドン（大王殿）が登場するようになったのであろうか。詳細は不明であるが、『日吉町郷土史　史跡編』には次のように記されている。

「毎年二月初卯の日に打ち植え祭、五月六日田植え祭、九月十五日に大祭があった。大祭には大王面一体、梅染の衣紋に三メートルの木刀を腰にさした大王殿を四つ車に乗せ、里童によって神社前の放生会馬場（八幡馬場）におでましになり神事の流鏑馬があった。（中略）明治四十一年から旧五月六日に田植祭が奉納されたが、祭典には神社井戸（野間家下）の泉水が供えられ、神輿が昔のままに田原までお下りになり祭典が行われている。神輿が昔のままに田原までお下りになり祭典が行われている。神輿行列は若者が白装束《しろしょうぞく》でかつぎ、神社ののぼり、神傘《しんさん》（神の傘）を立て、神馬《しんめ》に氏子《うじこ》ののぼり・音頭《おんど》しべ・踊り子とつづいた。県下でも有名なせっぺとべは、白装束の若人が肩を組み、泥をつけあい水を飛ばして、「せっぺとべ、とべ、白歯のうちに、白歯をそむれば飛びゃならぬ」と勇壮に飛びはねまわる。（後略）」

これによると、九月十五日の放生会が大祭であったが、明治四十一年（一九〇八）から旧五月六日に田植祭が奉納されたということである。旧五月六日に祭りがあったことは、前述のとおり『三国名勝図会』に記されているので、おそらく大祭が旧九月十五日からこの日、すなわち旧五月六日に移ったということであろう。この『郷土史』では、何故、デオドン（大王殿）が、旧九月十五日でなく旧五月六日にお出ましになるようになったかの説明はしていない。しかし、この文章からすると、田植祭が正祭になったのが明治四十一年であったことが推察される。放生会のとき行われていた流鏑馬が大正のはじめ頃まであったという。

そうすると、明治四十一年から大正のはじめの頃、デオドン（大王殿）が、旧九月十五日の放生会に代わって旧五月六日の田植祭に登場するようになったことが考えられる。

2　デオメン（大王面）を奉納した島津久慶

デオドン（大王殿）面

寛永18年（1641）に島津久慶によって奉納された。

デオメン（大王面）の裏銘は次のようになっている。

「寛永十八年辛巳当座主尊與大檀主藤原久慶地頭本田越中守　八月吉祥日　作者朝倉治左衛門尉」

これによると、この大王面は寛永十八年（一六四一）に、日置島津家四代の久慶《ひさよし》によって奉納されたことが分かる。このデオメン（大王面）を奉納した島津久慶とはどのような人物であったのであろうか。

(1) 系図から削られている久慶

日置八幡神社通りを行くデオドン（大王殿）
5月6日のお田植祭に登場。正祭は9月15日の放生会であった。
（写真　阿多利昭氏提供）

島津久慶は慶長四年（一五九九）に日置で誕生し、薩摩藩主、島津家十九代家久の三女を妻とした。寛永十二年（一六三五）に薩摩藩の家老職につき、寛永十八年に家老を免ぜられてから宗門方《しゅうもんがた》係に任ぜられている。慶安四年（一六五一）八月十五日に四十二歳で没するが、日置島津の系図からは除かれている。

その理由について『鹿児島県史』第二巻では次のように記している。

「島津久慶は寛永十八年十一月家老を免ぜられて後、特に異国方・宗門方掛を預っていたのである。然るに久慶は、慶安四年八月没して後、野心発覚して系図の面を削られた。久慶の罪科の内には一向宗（浄土真宗のこと＝筆者注）に帰依した事も入っている。彼は後に帖佐脇元で磔刑《たくけい》（はりつけの刑）に処せられた。一向宗の張本真純を近づけ、上方にも差登せ、六条殿に取入り、領内一向宗興起を企て、江戸に於いても大久保忠職等に取入り、光久《みつひさ》を悪主の様に言ったと伝え、爾後《じご》、一向宗の取締は一層厳重を加へたといふ」

これによると、久慶は一向宗の科《とが》で系図から外されたことが分かる。ここで「一向宗の張本真純を近づけ」とあるが、『本藩人物誌』には「新宗の張本真託ト申モノヲ密ニ相近付上方ヘモ差登セ」とある。また「右真託事モ新宗ノ張本故於帖佐脇元磔ニ為被仰付由候」と、薩摩藩の禁制であった「浄土真宗系隠れ念仏」の張本人であったので磔の刑に処せられたという。

『薩藩例規雑集』（一〇）に「明暦ノ初頃一向宗流《ママ》領《統領か》真宅トイフ者、別テ宗旨手広ク法義弘メ候段相顕搦補処、党類多人数ニ相及候事」とあるが、ここでは真託が真宅となっている。久慶は慶安四年（一六五一）に没しているので、真宅が処刑された明暦の初め頃というのは明暦一、二年（一六五五、五六）のことで、時代は合っている。そうすると『鹿児島県史』の「真純」は「真託」の誤記であろう。真託は「カヤカベ教」の創始者に比定されている。

また一説には、系図から外されたのは切支丹信仰が原因だともいわれている。これは久慶の養子、久憲《ひさのり》の実家である喜入家から切支丹信者が出た。すなわち喜入忠政と妻とその母、忠政の娘ならびに忠政の子忠高の妻などが切支丹の科《とが》で寛文三年（一六六三）三月八日に種子島へ配流になったという史実から推測されたものである（『日吉町郷土誌』下巻）。

(2) 一向宗門徒や切支丹信者に寛大であった久慶

久慶は、薩摩藩主光久の政治姿勢に批判的であった。とりわけ急激な光久の一向宗や切支丹への取り締まりの強化政策に批判を強めた。これまで、一向宗禁制は薩摩藩の伝統であるとはいえ、江戸時代初期は武士階級に対しては取り締まりが厳しかったが、庶民には比較的緩やかであったとされる。また、切支丹に対しても、薩摩はザビエルの布教以来、それほど取り締まりは厳しくなかったと伝えられる。そのような情勢下で、藩主光久が禁制の体制を厳しくしていくことに信仰の自由を信条とする久慶には耐えられなかったのであろう。

彼は、一向宗門徒であったことは間違いないであろうが、切支丹信者であったかどうかは別として、宗門方異国方の立場にあって一向宗や切支丹の信仰に寛容であったことは確かである。大王面を日置八幡神社に奉納した背景には、一向宗門徒が処刑されたその霊を慰めることが主目的であり、また阿弥陀如来やゼウス、イエス・キリストへの崇敬の念が強かったからでもあるということが考えられる。

薩摩藩の権力者からみたら罪人ということになるが、被支配者や信者からみれば、教理をよく理解してくださる有り難い領主であったことになる。心の救いとして登場し、当時、流行していた一向宗や切支丹を十分理解し、内心の自由は権力によって取り締まれるものではない、ということを久慶自身が自覚していたことが考えられる。

さらに、もう一つ注目すべきは、大王面を奉納した寛永十八年（一六四一）八月吉祥日の頃は、末吉郷の地頭を務めている。その後、前から患っていた病気が長引いてよくならないので自ら願い出て職を辞めたという。末吉郷（現曽於市）は、弥五郎どんが登場する岩川八幡のあるところである。このころ大人形の行事があったかどうかは確証はできないが、放生会で隼人の御霊を慰める行事があったことは確かであろう。島津久慶は、この岩川八幡の巨大な竹偶人に暗示を得て、日置八幡でも巨人の竹偶人を作り放生会に登場させようと意図したことが考えられる。これについて出村卓三氏は、新田八幡神社の影響を受けているという異説を出している。これは議論の分かれるところではあるが、筆者は岩川八幡伝来説を取りたい。

(3) 島津久慶と仏教の素養

久慶が寛永十五年六月下旬に江戸を立ち九月三日に薩摩の国、川内（現薩摩川内市）に着いた際の小旅行記が日置島津家文書に残されている。その中には次のような文がある。

(ア) 明し暮して程もなく都に着しかは、うら盆の比なり、寺々の御経の声鐘の音極楽世界もよそならす

(イ) 今宵しも秋のしらへにことよせて月の夜船の花のかさしハ、補陀落《ふだらく》もかくやと心空なる様に成し程に、いさ舷綱をとき須磨や明石の月を詠んとてそのとも綱を解事六道輪廻《ろくどうりんね》のきつなを切よりも大切（ママ）也

この小紀行文は、和歌を詠み込んだ美しい文章である。久慶は、和歌をよく詠み、文事に優れていた。それだけでなく医学の知識にも富み、島津家の歴史にも深く通じていたとされる。

(ア)では、京の町で寺々の鐘が鳴る音を聞いて、その音は極楽世界も余所《よそ》のことではない、と言っている。この現実世界の京都の町に極楽世界を感じ取っているのである。

(イ)では、月の夜船に花をかざしてみれば、補陀落世界もこのような美しいものと詠っている。補陀落世界というのは、仏教の発生地、インドの南海岸にある観音の住所とされる。山の華樹は光明と芳香を放っているという。久慶は、この夜、観音浄土を観想《かんそう》しているのである。

須磨や明石の美しい月を詠もうとして舷のとも綱を解くということは、六道輪廻の紐を解くよりも大切なことだと言っている。六道の迷いの世界から美しい月夜の極楽浄土、観音浄土の世界へ解脱することを意味する。

久慶は、この世の中に、極楽や観音浄土を感じようとしているのである。これは、この世で仏になる、即身成仏にもつながる思想である。久慶が、いかに高度な仏教思想を持っていたかが分かる。

(4) 島津久慶による信仰自由の精神的背景

日置島津家は島津家十五代貴久《たかひさ》の三男歳久《としひさ》から始まっているとされる。彼は豊臣秀吉の島津征伐に、あくまで抵抗を主張した一人である。秀吉に征服された島津家第十六代義久《よしひさ》に攻められ、家臣十数名とともに鹿児島の龍ケ水《りゅうがみず》で悲壮な最期を遂げており、実際に日置に来て統治したのは三代常久《つねひさ》の時である。

このことについて桃園恵真は次のように述べている。

「久慶の父常久は歳久の養子忠隣の子である。歳久男子なく薩州島津家より義虎の二男、忠辰の弟忠隣を婿養子とした。義虎・忠辰が一向宗帰依であったとすれば、久慶の一向宗帰依は父祖代々のものであると考えるべきものではあるまいか」(桃園恵真「島津一門と真宗」一九六六)

桃園の指摘は適切なものと思われる。

島津久慶は、浄土真宗や切支丹が自由に信仰されるべきであるという精神に溢れていた。それほど、支配者である島津氏は、被支配者に対しては、浄土真宗や切支丹を禁制にしていたが、自らは隠れて信仰して、心のやすらぎを求めているのである。特に、浄土真宗は信者を引きつける魅力があったという時代的背景が窺える。

3　秘仏を拝んでいた島津時子

日置島津家第十二代の久風の長子久徴は日置島津家十三代で藩の家老をつとめ、島津家二十八代斉彬《なりあきら》から信頼の厚かった人物である。その妹於桑《おくわ》は健やかに成長し、長じて時子《ときこ》と改めた。そして鹿屋花岡《はなおか》の領主六代島津若狭久誠に嫁いだ。この時、嫁入り道具の中に秘かに隠し持ってい

島津時子の秘仏

日置島津家から花岡島津家久誠に嫁ぐとき時子が持参。日置島津家は代々、浄土真宗には寛大であった。

た極小の念仏仏《ねんぶつぼとけ》があった。その大きさは高さ三・八センチ、横一・六センチの小さなお逗《ず》子《し》の中に、本尊〇・九センチのものであった。

このことについて『鹿屋市史』上巻には次のように記されている。

「一向宗禁制、信者拷問の時に当たって、小大名ながらも島津久誠の内室時子が秘仏を所持していたのは面白い。花岡町浄福寺には、超小型の阿弥陀如来像が安置されている。（中略）これは花岡島津六代若狭守《わかさのかみ》久誠の妻時子が日置島津家から花岡へ嫁ぐとき、すなわち文政七年（一八二四）に両親から持たされたものであるという。夫の久誠も、このことは許諾の上のことで、夫婦とも秘かに礼拝していたのである。時子は、明治三十七年（一九〇四）に病没しているが孫の久実がこれを浄福寺へ寄進した。このときの文書に、『此の仏像は、島津時子生前中の持仏《じぶつ》にして、朝夕礼拝を怠らざりし事を思ひ五十日の忌を過ぎる後に、花岡山浄福寺住職藤薗氏へ贈るものなり』と記してある。（中略）孫の花岡島津の証言により、確実に時子は一向宗信者であったことが明らかになる。（中略）藩主の一族の間にまでこのような熱心な信者を出したということは、心の安らぎを求め得ない者の共通の心理で、そこに信仰の偉大さを感じさせる」
孫の島津久実の証言により、確実に時子は一向宗信者であったことが明確になった。「心の安らぎを求め得ない者の共通の心理」とある。他の宗教よりも一向宗が心の救済となっていたし、特に女も救われると熱く説いた親鸞聖人の教えは、極楽往生を願う女性にとっては実に魅力ある宗教であったことを示すものである。

〈以上、「デオドン（大王殿）に関する民俗宗教学的考察」二〇〇九年〈森田清美編『日置八幡神社デオドン（大王殿）再生事業調査報告書』〉に掲載〉

第二節　一向宗禁制と下級武士

1　薩摩国市来郷（いちき串木野市）の一向宗禁制下の状況

⑴　天保年間の頃から厳しい取り締まりと拷問

一向宗禁制というのは、薩摩藩で、浄土真宗の信仰が厳しく禁じられていた時代から、信教の自由令が出る明治九年（一八七六）まで約三〇〇年にわたって禁制にしていたことをいう。

薩摩藩が何故、浄土真宗を禁制にしたかは、いくつかの説があり、藩の役人でさえ分からないという有様だった。はっきりしているのは仏の前に平等を説く一向宗の教えは、支配するものと支配されるものとの区別がなくなり、それが、ひいては幕藩体制の崩壊につながるという恐れがあったのは否めない。

藩の禁制だから、人々はそれを堅く守らなければならなかった。特に上級武士は、違反したら家禄《かろく》（主君から与えられた給与）取り上げになったので厳重に守り、農民や漁民たちの取り締まりにも熱心であった。

『市来町郷土誌』には、数々の取り締まりや処罰の例が出てくる。天保九年（一八三八）、島津与十郎の家来で四本権助なる男がお尋《たず》ね者となった。知り合いであった市来湊の町人利兵衛は権助をかくまった。それが役人に分かって、権助は利兵衛の別宅で逮捕された。そして富裕な町人であった利兵衛は家財、家屋敷、土蔵まで一切没収された。

しかし、このような厳しい取り締まりをしても門徒は絶えなかった。中原集落の吉村門八左衛門は文政十一年（一八二八）の生まれである。あるとき、一人の一向宗布教僧をかくまった。門の東西に見張りを立てて、門《かど》の人々に呼びかけ、有り難い親鸞聖人の教えを、その布教僧から聞いていた。ある日、湊町の役所から八左衛門への呼び出しが来た。驚いた妻のシオはすぐ如来像やお経の本を裏山に隠した。八左衛門は白州《しらす》に引き出され、石臼に座らされて厳しい拷問を受けた。「字も読めも書けもしない百姓の私が、何でむずかしいお経を読んだり、おとがめの仏像を拝んだりしましょう」と申し開きをした。役人が家中を探したが、妻が裏山に隠しておいたお蔭で、何も出てこなかった。そのため、八左衛門は軽いおとがめで許されることになった。

この事件は、薩摩藩が厳しい取り締まりを行った時期である。この理由については拙著『霧島山麓の隠れ念仏と修験』（二〇〇八）で詳細に考察した。

(2) 上級郷士の他力本願信仰

さて筆者は、ある時、藩政時代は市来郷の上級武士であったA家のお堂「オカンノンサー（御観音様）」（実際は阿弥陀堂）に保存されていた宝暦十三年（一七六三）の棟札を見せてもらった。

その中の表の部分の一部を紹介したい。

右奉為
大檀主薩偶日三州太守
御武運長久御息延命国家安全
殊ニ者当郷中諸難銷除邪気退散
念願成就故他力志処者郷中講物
以奉造立者也宝暦十三癸未七月吉日
（解読　徳永律氏、徳重涼子氏、筆者）

この棟札から見て次のことが考えられる。

第一に、もちろん、島津太守の武運長久と国家安全を願っている。上級武士としては当然のことであろう。

第二に、「他力志処者郷中講物」とあるが、「他力を志すところは、郷中の講、すなわち、信仰の集まりの人々の宗旨である」という意味である。他力本願は当郷中の講物であるというのである。

他力本願は、阿弥陀仏が、一切の衆生を救済しようとして起こした誓願（仏に人々を救うことを誓うこと）である。他力とは、みずからの力によらないで仏・菩薩の力によって救われることである。浄土宗の開祖法然は、「本願の称名《しょうみょう》を心をこめて続けていくことで他力本願に乗ることができると説き、他力・易行《いぎょう》の道を説いている。法然の教えを引き継いだ親鸞は、弥陀の本願を信じて頼ることが他力だと説いている（伊東唯真「他力本願」一九九二）。

この棟札から、A家のある村には阿弥陀講があったことが分かる。浄土宗だけでなく、浄土真宗の影響を強く受けていたことが推測される。

第三に、同時に、阿弥陀如来に、「当郷中諸難鎖除邪気退散」を祈願している。郷中の諸難や邪気退散を願っているのである。これは、ともすれば自力本願につながるもので、浄土宗や浄土真宗は許さない教えである。蓮如上人などは、門徒からの質問になやまされている。親鸞聖人は、一生懸命、南無阿弥陀仏を唱え、あの世の極楽浄土に行くことを願っておれば、この世でも良いことがあるよ、とは言っている。しかし、この世での良いことを願って南無阿弥陀仏を唱えるのはいけないという。

この棟札を見て、当時の人々は、浄土宗とか浄土真宗の区別、他力や自力の区別を意識することもなかったのではないか。薩摩藩の役人さえ、何故、一向宗禁制なのか分からなかったといわれる。役人が一向宗と判断したら一向宗であった。その判断は役人の胸の内にあったのである。

薩摩藩は、一向宗は禁制にしても浄土宗は許していた、というより、むしろ優遇した時代もあった。そういう、状況下において、秘かに隠れ念仏である一向宗を信じていた武士も多かったことが推測される。取り締まりの側に立つ上級武士は、自らは一向宗を信じながら、農民や百姓には禁制にし、弾圧した。それは、市来郷だけでなく、他の郷にもあり、日置島津家のように、島津家にも一向信者はいたし、多かったことが推測される。それほど他力本願を説く一向宗は、支配階級である島津家や武士階級や庶民にも魅力があったのである。

2 山田郷・帖佐郷・蒲生郷などの一向宗禁制下の状況

(1) 法　難

・山田郷北山（現姶良市北山）

北山の池井源左衛門、岸園伊兵衛、崎山清助、宇都源次郎の四人は庄屋役に呼び出された。そこで正座している脚の下や間に割木を置き、膝に平石を載せる割木責めをさせられたり、髪を天井にくくり、宙づりにして棒で打つなどの責めを受けたそうである。

・北山中甑の川崎泰廣氏が祖父から、その父の話を聞いた。隠れ念仏禁制の時は、念仏を唱えただけで注意を受けた。取り締まりの役人が常に巡回してくるので百姓の仕事をする暇はなくシヨテグラシ（世帯暮らし）に困るものだった。それでも念仏は小さい声で唱えた。役人の取り締まりでも口を割らなかった（平成29年7月1日聞き書き）。

・木津志の大山太右衛門、庄左衛門、六兵衛、太郎左衛門、松助、六左衛門の右六人は一向宗の科《とが》により百姓へ成り下げられた　正徳元年（一七一一）八月七日。

・**山田郷上名・下名**（現姶良市上名・下名）

弾圧を受けても改宗しない人は、堂園淵の上の処刑場で手足を十文字にくくられ、さびた槍で突き殺されたという。

丸尾家は代々一向宗の信者であったが、当主安光の曾祖父源左衛門は同心（取り締まりにあたる人）になったので、時には宗門改め役人の下について、一向宗信者の処罰を行うこともあった。その際、信者を棒で叩く時は、役人の目から信者が見えないように自分の身体で隠し、打ち下ろした棒は地面を叩くなどして信者をかばったという（『姶良町郷土誌』）。

・**帖佐郷**（現姶良市松原）

松原の人たちは船の中で拝んだという。村田嘉太郎、村田多五郎、藤山伊平次、山田久右衛門の四人は椎茸講の信者で三度の法難にあった。この講は三〇〇人以上の信者で結成された団体であった。村田らの最後の法難は、安政六年（一八五九）旧二月二十九日であった。このとき二〇〇人ほどの信者と共に役所に引き出され生酢を飲まされ苦しめられた。ことに前の四人は信徒の中央で三尺ぐらいの丸棒で腿を二〇ないし三〇棒ほど打たれたが一言も白状せず四名はついに、二、三〇斤（四、五〇キロ）の石を膝に載せ、足の間には割木をはさまされた。旧三月三日にいたって全部の白状をしたので親指の爪をはがれ、その血で誓紙に転向の血判をさせられた（『姶良町郷

土誌』。平川眞徹氏報〈佐々木教正『血は輝く』一九八二年　所収〉）

・**加治木郷**（**現始良市加治木町**）

・加治木郷小山田の故石原加藤次は天保三年（一八三二）に生まれ十八歳で焼香講に加入して溝辺や横川、牧園、栗野、吉松、財部、真崎、加久藤、小林、野尻、高城、志和池、西嶽などと連絡を取って御法を喜び合ううち、彼が三十歳になった文久二年（一八六二）十一月に露見して直ちに仏様を宮崎県の方圓寺に送り、同月二十三日には自身が捕らわれて鹿児島の宗門所に護送されて責めを受けた。死を決して一言も白状しなかったので、ついに牢屋に投ぜられた。慶応三年（一八六七）九月に許された。しかし、ますます念仏の心は激しさを増し、開教の日にはすこぶる尽力したという（石原與左衛門氏報（『血は輝く』所収）。

・**蒲生郷**（**現始良市蒲生町**）**漆**

・蒲生郷漆で最初に法難にあったのが園田宗十郎であった。彼は享和二年（一八〇二）の生まれであるが、法難にあったのは文久三年であった。密告によって踏み込んできた役人が、宗十郎に縄をかけたとき、宗十郎の父五郎は、「武士に縄をかけるとは何事」と言って、その縄を刀で切ったという。しかし、捕らえられた宗十郎は谷山の牢に入れられ自白を強いられた。割木責め、重石責めなどの拷問にあっても、仏の所在も、同志信者の名も言わず、ついに文久三年八月十六日、谷山牢中で死んだ。

・昭和二十二年（一九四七）九月十五日、松永ワケの聞き伝えていた受難者は、松永善十郎、園田八太郎、満丸五兵衛、山口勇之進であった。彼らは、地頭仮屋に引き連れて行かれ、正座させられた。そこで太股とひかがみ（膝のうしろのくぼんでいる部分）の間に割木をはさまれ、背を棒で打たれ、あるいは平石を膝の上に数枚のせられ、時には指の爪と肉の間に針を打ち込まれたりして、自白を迫られたという。また、禅宗への転宗を誓わせられたとも（松永守道『蒲生町漆集落史』一九九二）。

・法難にあった人々の中には武士階級の人たちが多いのは何故か？　外城の武士階級の中には俸禄の少ない者もおり、貧乏な武士が多かった。そこで一向宗に救いを求める信仰心は百姓や漁民と同じであった。武士は字を知っており学問もあったので説得力がありリーダーをつとめる者も多かった。薩摩藩は、支配階級である武士階級と被支配者階級である農漁民という、二つの階級が団結するのを非常に恐れた。そのため、武士階級には非常に厳しい責め苦をした。

(2)　広い範囲の隠れ念仏講組織

浄土真宗では、信者の合議によって運営される講組織ができた。皆がより集まって聞法《もんぽう》（教えを聞くこと）を行い、談合するための道場ができ、こころざしを出し合って教団を維持していた。

(ア)　木津志の三会講《さんえこう》

三会講の組織は大きく上組（吉松・京町・加久藤）、中組（帖佐・霧島・東襲山、溝辺、牧園）、下組

（山田・横川・木津志）に分かれている。

(イ)　上名の内場焼香講《うちばしょうこうこう》（内場寺）

上名の内場焼香講は丸尾安光氏が番役となり、御座を内山田の森木重志宅に置き、年一回御法座を開いていたが、現在は廃止されている。

(ウ)　煙草講（黒瀬寺）

上名には講組織が五つ残っていたが、その中の一つに坂ノ口と黒瀬の信徒による黒瀬寺があった。講は煙草講で、御座は持ち回り、座本に仏壇が安置される。年中行事として「お色干し《いろぼ》」は八月四日、「御誕生」は四月に実施される。所蔵物として、掛軸三幅と経典類がある。煙草講は木津志・上名・溝辺の人々が入っており、共同で煙草を作り、一部を献上服と呼んで京都本山に納め、残りを講中運営資金にしていたという。

このような禁圧が解けたのが、明治九年（一八七六）九月五日、本山からの布教僧がどっと鹿児島にくり出された。木津志にも大洲鉄念《おおずてつねん》（明治初年の浄土真宗の指導僧）が、十二月二十八日に巡回説教している（『木津志百年史』一七〇八年か）。

(エ)　東餅田の内場煙草講

東餅田東集落の門徒たちは、内場煙草講と呼ばれる講の中組に属していた。中組の範囲は、帖佐・山田・重富・蒲生・吉田の各郷村であったと思われる（溝辺が入っていたともいう）。

・何故、広い地域から信者が講に参加したのか？　一向宗信者に村や郷の境はなかった。むしろ異郷の人々と信心を同じくすることにより、仏法の喜びを知ることができたのである。薩摩藩としては、このような広い範囲で武士や農漁民が団結することで百姓一揆や一向一揆が起こることを非常に恐れたのである。

3　一向宗禁制と下級武士

農漁民や貧しい武士階級にとっては、人生儀礼で一番重要な葬送儀礼を禅宗系の寺に頼ることなく浄土真宗本願寺に直結している隠れ念仏講で行う必要があった。煙草講や仏飯講は、最近なくなってきているが、それまでは、人が亡くなったら「駆けつけ」に二人で、キンブツサア（金仏様。阿弥陀如来像のこと）を置いてある番役の家に行ったという話が多く聞かれる。明治十年代以降、浄土真宗の寺も普及してきたが、それでも本願寺と直結しているという隠れ念仏講の信徒の誇りは大きかった。人の生き方の中心をなす人生儀礼にもとづく信仰を弾圧することで浄土真宗を阻止しようとしても、しょせん、無理な話であった。一向宗禁制は、結局、薩摩藩にとってかなり無理があったのではないかといわれている。

また、女も救われるということで、各講には女人のための最勝講《さいしょうこう》があった。男と同じように女も亡くなったら、血の池地獄に落ちることなく間違いなく極楽浄土に行けるという喜びは大きく、人生観を大きく変えるものであった。当時は、墓を掘るときは女性のものは一尺ぐらい深く掘っていた地域が多い。女は業《ごう》（前世の善悪の行為によって現世で受けるむくい）が深いからだという。

【参考文献】

序章

宮崎園遵代表『カヤカベ――かくれ念仏』一九七〇年　法蔵館
宮家準『日本仏教と修験道』二〇一九年　株式会社春秋社
芳即正『調所広郷』一九七八年　吉川弘文館
研究代表者　中別府温和『霧島周辺村落における〈かくれ念仏〉信仰の研究』一九九一年　文部省科学研究費補助金研究成果報告書
研究代表者　中別府温和『霧島周辺地域の〈かくれねんぶつ〉信仰の伝達過程に関する比較研究』一九九一年　文部省科学研究費補助金研究成果報告書
星野元貞『薩摩のかくれ門徒』一九八八年　著作社
神野俊和『日本遊行宗教論』一九九一年　吉川弘文館
徳丸亜木『〈森神信仰〉の歴史民俗学的研究』二〇〇一年　東京堂出版
小池惇一「民俗信仰」二〇一四年（民俗学事典編集委員会『民俗学事典』丸善書店 所収）
『薩摩のかくれ念仏――弾圧された一向宗――』一九九九年　知覧ミュージアム
森田清美『ダンナドン信仰』二〇〇一年　岩田書院
森田清美『霧島山麓の隠れ念仏と修験』二〇〇八年　岩田書院
『鹿児島県の祭り・行事』二〇一八年　鹿児島県教育委員会
『阿久根市史』一九七四年　阿久根市
『宮之城町史』二〇〇〇年　宮之城町
『鹿児島大百科事典』一九八一年　南日本新聞社

1の章

前田博仁『薩摩のかくれ念仏と日向』二〇一〇年　鉱脈社
田中靖基「福島の隠れ念仏」二〇〇九年（『くしま史談会報』No.21 掲載）
『串間市史』一九九六年　串間市
『志布志郷土誌』一九七二年　志布志市
中別府温和研究代表『霧島周辺村落における「かくれ念仏」信仰の研究』一九九一年
石田瑞麿『仏教語大辞典』一九九二年　小学館
菊村起彦『親鸞辞典』二〇〇一年　東京堂出版
山折哲夫監修『世界宗教大辞典』一九九一年　平凡社
『鹿児島県史』第二巻　一九三九年　鹿児島県
『出水郷土誌』上巻　二〇〇四年　出水市北地区振興会長　村尾季俊
『大隅町誌』一九六九年
『本藩実録』一九七五年　宮崎県立図書館
『瓜生野・倉岡郷土誌』一九八六年　宮崎市　東京堂出版
米村竜治『無縁と土着――隠れ念仏考――』一九八八年　同朋社出版
徳山暉純『梵字手帳』一九七六年　木耳社
森田清美『霧島山麓の隠れ念仏と修験』二〇〇八年　岩田書院

2の章

前田秀融「異安心」一九九一年（『世界宗教大事典』平凡社　掲載）
桃園恵真「南九州における能化派」一九八一年（『日本の社会と宗教』株式会社同朋出版　掲載）
星野元貞『薩摩のかくれ門徒』一九八八年　著作社

佐々木教正『血は輝く』一九八二年　自家版
千葉乗隆博士還暦記念会編『日本社会と宗教』一九八一年　株式会社同朋出版
『鹿児島開経百年史』一九八〇年　真宗大谷派教区
坊野栄熊『小川路の地に没した傑僧誓鎧和尚』二〇〇六年　自家版
大迫昭『ふるさと坊野の歴史』二〇〇六年　能勢清美坊津地区公民館
橋口亘・上原兼全「内山田伝世の浄土真宗関係資料(1)　廻章　文化二年控」二〇一三年（『南日本文化研究所』No.16 掲載〉）
『山岳修験』第29号　二〇〇二年　日本山岳修験学会
星野元貞「薩摩真宗禁制下における三業安心派の展開」一九八六年（『二葉憲春博士古希記念　日本仏教大論叢』永田文昌堂　掲載）
『日本庶民生活資料集成』第十八巻　一九七二年　三一書房
『加世田市史』上巻　一九八六年　加世田市
『小山田郷土史』二〇〇六年　小山田小学校創立百周年記念事業実行委員会
『三国名勝図会』巻之十　一九六六年　南日本出版文化協会
『郡山郷土史』二〇〇六年　郡山郷土史編集委員会
佐和隆研『密教辞典』一九七五年　法蔵館
石田瑞麿『仏教語大辞典』一九九七年　小学館
楠本智郎『隠れ念仏講の研究』自家版　発行年代不明
鹿児島県資料集(25)三州御治世要覧　一九八四年
山折哲雄監修『世界宗教大事典』一九九一年　平凡社
『鹿児島県の地名』一九九八年　平凡社
『鹿児島県地名大辞典』一九八三年　角川書店

森田清美『霧島山麓の隠れ念仏と修験』二〇〇八年　岩田書院
森田清美『ダンナドン信仰――薩摩修験と隠れ念仏の地域民俗学的研究』二〇〇一年　岩田書院
森田清美『隠れ念仏と救い』二〇〇八年　鉱脈社

3の章

徳丸亜木「『かくれ、あらわす――民俗信仰における内面化と顕在化』特集にあたって」二〇二〇年（『日本民俗学』302号　掲載）
石田瑞麿『仏教語辞典』一九九七年　小学館
『宮之城郷土史』二〇〇〇年　宮之城町
森田清美『ダンナドン信仰』二〇〇一年　岩田書院（『鹿児島県の祭り・行事』二〇一八年　鹿児島県教育委員会　一部掲載）
森田清美『霧島山麓の隠れ念仏と修験』二〇〇八年　岩田書院
徳永律『古文書と石塔をたずねて　おおさと編』一九七八年　自家版
柳田国男「年中行事覚書」一九五〇年（『定本　柳田国男集』第十三巻　筑摩書房）
桜井徳太郎『講集団成立過程の研究』一九六二年　吉川弘文館
服部如實編『修験道要典』一九七二年　三密堂書店
宮家準編『修験道辞典』一九八六年　東京堂出版
佐々木宏幹・宮田登・山折哲雄監修『日本民俗宗教辞典』一九九八年　東京堂出版
原口虎雄『鹿児島県の歴史』一九七三年　山川出版
今村知子『鹿児島の料理』二〇〇四年　春苑堂
『三国名勝図会』一九六六年　南日本出版文化協会（註・天保年間に薩摩藩で編集されたもの）
『宮崎県史』資料編　民俗2　一九九二年　宮崎県

『国分郷土誌』下巻　一九九八年　国分市
『郷土誌牧園町』一九六九年　牧園町
山折哲雄監修『世界宗教大事典』一九九一年　平凡社
安田宗生「磯女」一九九九年（『日本民俗学大辞典』吉川弘文館）

4の章

『三国名勝図会』天保十四年（一九六六年　南日本出版文化協会）
五味克夫「日置島津家文書と島津久慶（一）──鹿児島県立図書館本「島津家古文書」の紹介を中心に」一九七四年（『鹿児島大学法文学部紀要　文学科論集』第十号）
桃園恵真「島津一門と真宗」一九五六年（宮崎博士還暦記念会『真宗の研究』永田文章堂）
『鹿児島県史』第二巻　一九四〇年　鹿児島県
『日吉町郷土誌』一九八八年　日吉町
『鹿屋市史』上巻　一九七六年　鹿屋市
佐々木教正『血は輝く』一九七二年　自家版
『木津志百年史』一七〇八年か

【お世話になった人】

那賀教史氏　宮崎市佐土原町
平山光信氏、横山幸一氏、黒木聡実氏　宮崎市金崎

おわりに

本著においては、薩摩藩の禁制下にあっても庶民は、隠れ・隠ししながら特色ある民俗文化を形成してきたことについて記してきた。南九州における勝れた民俗信仰は、基層文化となっている。

この著を著すにあたり元日本民俗学会会長の徳丸亜木先生に大きな刺激を受け、「かくれ・あらわす」の民俗思想・著作のあり方を学びました。

隠れ念仏と修験道を論ずるにあたり、修験道については、日本山岳修験学会名誉会長の宮家準先生の諸著作から学ばせていただきました。また、日本山岳修験学会の会長さん他、多くの優秀な会員の先生方からも指導を受けました。

さらに、串間市の隠れ念仏については、くしま史談会長の田中靖基先生に多くの資料をいただき、教授もしてもらいました。

古文書の解読にあたっては、鹿児島県史料編纂委員塩満郁夫先生、串木野古文書会の所崎平先生、徳重涼子先生、黒神彰治先生、寺田緑先生など古文書会員、漢文解読は故上園正人先生に大変お世話になりました。

そして、最後になりましたが、現在の困難な出版事情にもかかわらず快く出版に踏みきってくださるとともに、本書構成や編集などに助力いただいた鉱脈社の社長はじめ資料点検や校閲をいただき、細かい点まで気配りして制作くださった同社員の皆様には深く感謝申し上げます。

令和五年三月

著者

［著者略歴］

森田　清美（もりた　きよみ）

1939年　鹿児島県薩摩川内市生まれ
1964年　鹿児島県立高等学校教諭となる
1973年　鹿児島県育英財団の派遣留学生、東京教育大学（現筑波大学）文学部の研究生として１年間留学
1975年　鹿児島県明治百年記念館建設調査室（現鹿児島県歴史資料センター黎明館）学芸主査、資料収集・展示設計に８年間従事
2000年　川島学園鹿児島実業高等学校教諭となる
2000年　鹿児島大学大学院修士課程　人文社会科学科（人間環境文化論）修了
2004年　九州大学大学院後期博士課程（比較社会文化学府日本社会文化史）単位取得のうえ退学
2006年　博士（比較社会文化）〔九州大学〕
現　在　志學館大学人間関係学部 非常勤講師（鹿児島大学法文学部元非常勤講師）
2002年　第28回南日本出版文化賞受賞（『ダンナドン信仰』）
2014年　鹿児島県文化財功労者賞受賞（鹿児島県教育委員会）、日本山岳修験学会員（理事）、日本民俗学会員（評議員）、日本民具学会員（評議員）、鹿児島民俗学会員（副代表幹事）、鹿児島民具学会員（前会長）

【主要著】

『牧崩壊過程における入会の研究 ── 種子島の入会 ── 』
（文部省科学研究費補助金報告書　自家版　非売品　1974年）
「薩摩大隅の山岳伝承」（五来重編『修験道の伝承文化』名著出版　1981年）
「薩摩金峰山縁起由来記　解題」（五来重編『修験道史料集 Ⅱ』　同）
『薩摩やまぶし ── 山と湖の民俗と歴史 ── 』（鹿児島文庫35　春苑堂出版　1996年）
『串木野まぐろ漁業史 ── 大海の腕と肝の男たち ── 』
（森田清美監修・著　串木野船主組合発行　1996年）
『ダンナドン信仰 ── 薩摩修験と隠れ念仏の地域民俗学的研究 ── 』
（第28回南日本出版文化賞受賞）（岩田書院　2001年）
『霧島山麓の隠れ念仏と修験 ── 念仏信仰の歴史民俗学的研究 ── 』
（日本学術振興会科学研究院補助金）（岩田書院　2008年）
『隠れ念仏と救い ─ ノノサンの不思議・霧島山麓の民俗と修験』（鉱脈社 2008年）
「霧島山」など南九州の霊山（西海賢二・時枝務・久野俊彦編『日本の霊山読み解き事典』2014年　柏書房　所収）
「霧島山の山岳信仰」（『霧島山の山岳霊場遺跡資料集』2015年
九州山岳霊場遺跡研究会発行所収）
『神々のやどる霧島山 ── 霊山霧島における山岳信仰 ── 』（鉱脈社　2017年）
『島津氏と霧島修験 ── 霊山霧島の山岳信仰・その歴史と民俗 ── 』
（鉱脈社　2020年）
『入定する霧島修験 ── 島津氏帰依僧の『日録』に見る近世修験道の変容 ── 』
（鉱脈社　2021年）

現住所　〒899-2703　鹿児島市上谷口町806-6

みやざき文庫 151

隠れ念仏の母

霧島修験を基層に 現代に生きる
「かくれ あらわす」民俗信仰の諸相

2023年３月７日 初版印刷
2023年３月19日 初版発行

編 著 森田 清美

発行者 川口 敦己

発行所 鉱脈社
宮崎市田代町263番地　郵便番号880-8551
電話0985-25-1758

印 刷
製 本 有限会社 鉱脈社

みやざき文庫

著者既刊本

隠れ念仏と救い

ノノサンの不思議・霧島山麓の民俗と修験

森田　清美　著

霧島山麓一帯に今も灯される三つの民俗宗教のひとつ、都城盆地のノノサン信仰。成立の背景や歴史をひもとき、南方シャーマニズムや修験文化とのかかわりのなかに、民俗宗教における「救い」の心を読み解く。

本体１８００円＋税

神々のやどる霧島山

霊山霧島における山岳信仰

森田　清美　著

天の逆鉾の謎。鎮火と水神への祈り。性空上人と浄土信仰。そして霧島六社の現在。藩の記録や登山日記などの古文献や民俗伝承を猟渉し、霧島神の歴史・民俗から山岳宗教の実態解明に迫る。

本体２０００円＋税

島津氏と霧島修験

霊山霧島の山岳信仰・その歴史と民俗

森田　清美　著

中世から近世にかけて島津氏と深く関わった霧島修験。その活動を多面的に掘り起こし、修験の歴史に光をあてる。霧島山の稲霊と水神信仰、それに伴う霧島講の起源と存続およびその性格等について検討する労作。

本体２０００円＋税

入定する霧島修験

島津氏帰依僧の『日録』に見る　近世修験道の変容

森田　清美　著

戦世から平和の世へ。変容する近世修験道への深い造詣と時代や人物への目配りのもと、島津氏の帰依僧『空順法印日録』を読み解く。島津家や庶民とのかかわりや入定するまでのドラマなど興味津津の生涯。

本体２８００円＋税